영쌤의 초등 파닉스 알파벳과 소릿값

26개 알파벳과 소릿값을 26일만에 익히는 학습계획표

하루 15분 내외의 학습으로 26일 동안 초등영어 과정에서 익혀야 할 파닉스를 마스터할 수 있는 Study Plan입니다.

Day 01 ▢▢	Day 02 ▢▢	Day 03 ▢▢	Day 04 ▢▢	Day 05 ▢▢
Aa	**Bb**	**Cc**	**Dd** Review Test (1)	**Ee**
Day 06 ▢▢	Day 07 ▢▢	Day 08 ▢▢	Day 09 ▢▢	Day 10 ▢▢
Ff	**Gg**	**Hh** Review Test (2)	**Ii**	**Jj**
Day 11 ▢▢	Day 12 ▢▢	Day 13 ▢▢	Day 14 ▢▢	Day 15 ▢▢
Kk	**Ll** Review Test (3)	**Mm**	**Nn**	**Oo**
Day 16 ▢▢	Day 17 ▢▢	Day 18 ▢▢	Day 19 ▢▢	Day 20 ▢▢
Pp Review Test (4)	**Qq**	**Rr**	**Ss**	**Tt**
Day 21 ▢▢	Day 22 ▢▢	Day 23 ▢▢	Day 24 ▢▢	Day 25 ▢▢
Uu Review Test (5)	**Vv**	**Ww**	**Xx**	**Yy**
Day 26 ▢▢	파이널 테스트 ▢▢			
Zz Review Test (6)	Final Test (1)	Final Test (2)	Final Test (3)	

공부 체크 하루 15분씩 공부하여 26일 동안 계획 있게 초등 파닉스를 마스터하기 위한 계획표예요. 따라서 공부한 후에는 꼭 공부한 날짜를 본문에 있는 공부한 날의 [월 일]에 적고, 이 계획표의 ▢에도 V 체크하세요. 그리고 이해가 되지 않았거나 헷갈리는 부분은 반복해서 공부하고 두 번째 ▢에 V 체크하세요.

Review Test 6회 + Final Test 3회 이 교재에는 학교 수행/진단평가에 대비할 수 있도록 공부한 내용을 복습하고 실력을 점검할 수 있는 Review Test 6회와 Final Test 3회가 수록되어 있어요. 이 코너도 빠짐없이 공부해서 파닉스 실력을 쑥쑥 키워보세요.

<알파벳 이름과 소릿값> 한눈에 살펴보기

Aa
에이
애

Bb
비
ㅂ

Cc
씨
ㅋ

Dd
디
ㄷ

Ee
이
에

Ff
에프
ㅍ

Gg
쥐
ㄱ

Hh
에이취
ㅎ

Ii
아이
이

Jj
제이
쥐

Kk
케이
ㅋ

Ll
엘
(을)ㄹ

Mm
엠
(음)ㅁ

Nn
엔
(은)ㄴ

Oo
오우
아

Pp
피
ㅍ

Qq
큐
쿠위

Rr
알
(얼)ㄹ

Ss
에쓰
쓰

Tt
티
ㅌ

Uu
유
어

Vv
뷔
ㅂ

Ww
더블유
(우)워

Xx
엑쓰
ㅋㅅ

Yy
와이
여

Zz
지
ㅈ

영쌤의
초등
파닉스

1권 알파벳과 소릿값

영쌤의
초등
파닉스

1권 알파벳과 소릿값

1판 1쇄 2022년 1월 3일

지은이 이재영
펴낸이 유인생
편집인 안승준
마케팅 박성하·이수열
디자인 NAMIJIN DESIGN
편집·조판 Choice
삽화 이보영
펴낸곳 (주) 쏠티북스
주소 (04037) 서울시 마포구 양화로 7길 20 (서교동, 남경빌딩 2층)
대표전화 070-8615-7800
팩스 02-322-7732
이메일 saltybooks@naver.com
출판등록 제313-2009-140호

ISBN 979-11-88005-88-8

영쌤의
초등 파닉스

1권 알파벳과 소릿값

| 이재영 지음 |

쏠티북스

 여러분, 안녕하세요? 영쌤이에요.

실제로 학교에서 수진이처럼 영어 단어를 공부하는 학생들을 많이 만날 수 있어요. 분명히 ant라는 단어는 많이 들어봤고, 우리말 뜻이 '개미'라는 것도 아는데 문자로 쓰여진 ant를 보면 읽지는 못하는 학생들이 많아요. 그래서 알파벳 a(에이), n(엔), t(티) 이렇게 하나씩 이름을 불러가며 기억하려고 해요. 왜 많은 학생들이 알파벳은 알면서도 영어 단어를 읽지 못할까요? 그건 바로 '파닉스를 배우지 않았기 때문이에요. 선생님이 이 책을 쓴 이유이기도 하답니다.

선생님, 이런 것들이 궁금해요!

1 파닉스가 뭐예요?

파닉스는 알파벳이라는 '글자'와 알파벳이 내는 '소리'를 연결할 수 있게 해주는 영어 학습법이에요. 예를 들면, 알파벳 a는 단어 안에서 /애/ 소리가 난다는 것을 깨닫는 거예요.

2 파닉스는 왜 배워야 하나요?

파닉스를 배우면 영어 단어를 읽을 수 있기 때문이에요. 영어는 알파벳으로 되어 있어요. 그런데 알파벳만 알면 영어 단어를 바로 읽을 수 있을까요?

아니에요. 우선, 알파벳의 이름과 알파벳이 내는 소리가 달라요. 예를 들어, 알파벳 b의 이름은 '비'인데, 소리는 /ㅂ/
라고 나지요. 그런가 하면 하나의 알파벳이 여러 가지 소리를 내기도 해요.

예를 들어, 알파벳 a의 이름은 '에이'인데, 단어 안에서 소리는 /애/, /아/ 등 여러 가지로 나요. 그래서 글자와 소리를
연결하는 학습 방법인 파닉스를 배워야만 영어 단어를 잘 읽을 수 있어요.

3 저는 초등학교 6학년이에요. 파닉스를 배우기엔 너무 늦지 않았을까요?

천만에요. 파닉스를 언제 배워야 한다고 정해진 때는 없어요. 다시 말해, 파닉스를 배우는 데 늦은 때는 없으니 지금
부터 차근차근 공부하면 돼요. 이런 학생들은 바로 지금, 파닉스 공부를 시작하면 돼요.

(1) 알파벳은 알지만 영어 단어를 보고 읽지 못하는 학생

(2) 영어를 막 읽기 시작하는 학생

(3) 소리로 익힌 영어 단어를 어떻게 쓰는지 궁금한 학생

그리고 이 책을 다 공부하고 나면

(1) 26개의 알파벳 이름을 알 수 있어요.

(2) 26개의 알파벳 대문자와 소문자를 쓸 수 있어요.

(3) 서로 다른 알파벳을 구분할 수 있어요.

(4) 각 알파벳이 단어 안에서 나는 대표 소리를 알 수 있어요.

(5) 알파벳의 소릿값이 들어간 단어 156개를 읽을 수 있어요.

(6) 알파벳의 소릿값이 들어간 단어 156개를 쓸 수 있어요.

자, 이제 다음 쪽에 안내되어 있는 〈이 책의 구성과 특징〉을 잘 살펴보고, 차근차근 파닉스 공부를 시작해 봅시다!

저자 | 이재영

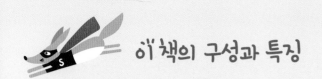

이 책의 구성과 특징

● '26개의 알파벳'과 '단어의 발음과 뜻'을 익힐 수 있어요!

QR코드를 이용하여 알파벳과 단어의 발음을 바로 듣고 따라 공부할 수 있어요!

알파벳의 대·소문자 이름을 익히고 써보는 공부로 알파벳과 친해질 수 있어요!

알파벳이 단어 안에서 나는 대표 소리와 발음을 공부하여 파닉스의 원리를 이해할 수 있어요!

단어의 발음, 철자, 뜻을 익혀 파닉스의 기본 실력을 탄탄하게 다질 수 있어요!

● 알파벳의 소릿값이 들어 있는 단어를 읽고 쓰는 문제를 통해 파닉스의 실력을 키울 수 있어요!

● 기본 문제를 통해 '알파벳과 소릿값'을 익힐 수 있어요!

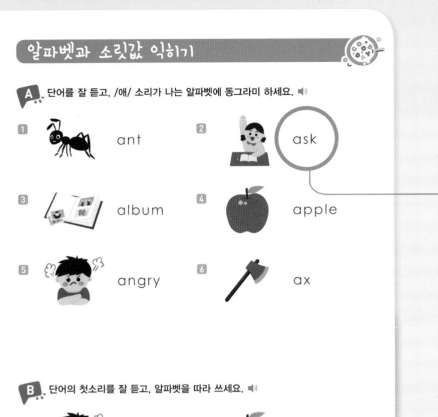

알파벳과 소릿값 익히기

A. 단어를 잘 듣고, /애/ 소리가 나는 알파벳에 동그라미 하세요. 🔊

1 ant
2 ask
3 album
4 apple
5 angry
6 ax

> 제시된 소리가 나는 알파벳을 단어에서 찾는 연습을 통해 알파벳과 소릿값을 다시 익힐 수 있어요!

B. 단어의 첫소리를 잘 듣고, 알파벳을 따라 쓰세요. 🔊

1 angry
2 apple
3 ax
4 ask
5 ant
6 album

> 제시된 소리가 나는 일파벳을 단어에서 써보는 연습을 통해 알파벳과 소릿값을 다시 익힐 수 있어요!

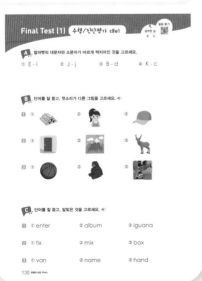

● Review Test와 Final Test의 다양한 파닉스 문제를 통해 수행/진단평가에도 잘 대비할 수 있어요!

이 책의 차례

Part 2.
파이널 테스트
'학교 수행/진단평가' 대비

별책 - 정답 및 알파벳 카드

〈Part 1. 알파벳과 소릿값 익히기〉를 공부하기 전에 알아두어야 할 것들을 정리했으니 잘 살펴 보세요!

1. 알파벳

영어에서는 글자를 '알파벳'이라고 해요. 알파벳은 26개입니다. 큰 글자인 대문자와 작은 글자인 소문자로 이루어져 있어요. 자, 바로 이것이 26개의 알파벳이랍니다. 미리 한 번 확인해 볼까요? 알파벳의 이름을 말 할 수 있다면 O 표시하고, 말하기 어려우면 X 표시하세요.

Aa	Bb	Cc	Dd	Ee	Ff	Gg
Hh	Ii	Jj	Kk	Ll	Mm	Nn
Oo	Pp	Qq	Rr	Ss	Tt	Uu
Vv	Ww	Xx	Yy	Zz		

어때요? 아는 알파벳이 없다구요? 너무 실망하지 마세요. 이제부터 차근차근 공부하면 돼요.

2. 모음과 자음

(1) 모음 : 알파벳 중에 Aa, Ee, Ii, Oo, Uu를 '모음'이라고 해요.

(2) 자음 : 모음 5개를 제외한 나머지 21개의 알파벳을 '자음'이라고 해요.

3. 영어 단어 이해하기

영어 단어는 알파벳의 자음과 모음이 다양하게 만나서 만들어져요.

- ant(개미) : a(모음) + n(자음) + t(자음)
- bus(버스) : b(자음) + u(모음) + s(자음)
- water(물) : w(자음) + a(모음) + t(자음) + e(모음) + r(자음)

Part 1

알파벳과
소릿값 익히기

 Aa 에이

공부한 날
월 일

발음 듣기

알파벳 이 알파벳 이름은 '에이'예요.

● '에이'를 큰 소리로 말하며, 쓰는 순서에 따라 다섯 번씩 쓰세요.

A

대문자(큰 글자)

a

소문자(작은 글자)

 소리 이 알파벳은 단어 안에서 /애/ 소리가 나요. 입을 크게 벌리고, 턱을 아래로 내리면서 발음해요.

● 단어의 발음을 잘 듣고, 큰 소리로 두 번씩 따라 말하세요.

ant
개미

ask
묻다

ax
도끼

apple
사과

album
앨범

angry
화난

단어를 잘 듣고, /애/ 소리가 나는 알파벳에 동그라미 하세요. 🔊

1 ant

2  ask

3  album

4 apple

5  angry

6 ax

B 단어의 첫소리를 잘 듣고, 알파벳을 따라 쓰세요. 🔊

1  angry

2 apple

3 ax

4 ask

5 ant

6  album

그림에 알맞은 단어를 연결하고, 큰 소리로 두 번씩 읽으세요.

1  · · angry

2  · · ax

3  · · apple

 우리말에 알맞은 단어에 동그라미 하고, 큰 소리로 두 번씩 읽으세요.

1 묻다 antdactktaskc

2 앨범 arallbumalbum

3 개미 applerwantakt

Writing 단어 쓰기 연습

A 우리말에 알맞은 알파벳을 연결하고, 두 번씩 쓰세요.

1 화난   u   m   g   r   i   _____   _____
      a   n   j   l   y

2 앨범   a   r   b   u   n   _____   _____
      e   l   d   o   m

3 묻다   a   z   k   _____   _____
      e   s   c

B 사다리를 타고, 그림에 알맞은 단어를 두 번씩 쓰세요.

1   2   3

Bb 비

 **알파벳** 이 알파벳 이름은 '비'예요.

● '비'를 큰 소리로 말하며, 쓰는 순서에 따라 다섯 번씩 쓰세요.

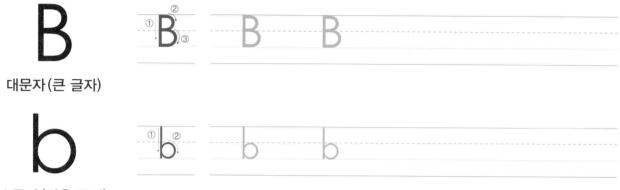

B
대문자 (큰 글자)

b
소문자 (작은 글자)

 소리 이 알파벳은 단어 안에서 /ㅂ/ 소리가 나요. 윗입술과 아랫입술을 붙였다가 떼면서 짧게 발음해요.

● 단어의 발음을 잘 듣고, 큰 소리로 두 번씩 따라 말하세요.

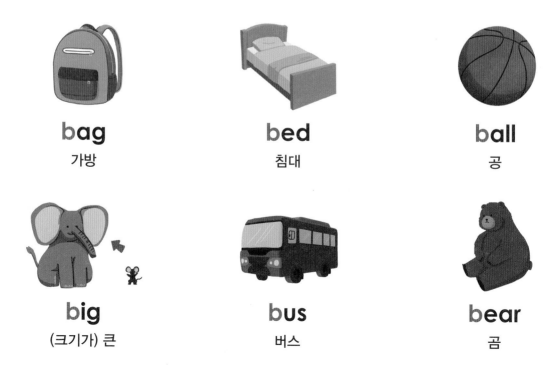

bag
가방

bed
침대

ball
공

big
(크기가) 큰

bus
버스

bear
곰

알파벳과 소릿값 익히기

 단어를 잘 듣고, /ㅂ/ 소리가 나는 알파벳에 동그라미 하세요. 🔊

1  bag

2  bed

3 bear

4  bus

5 ball

6  big

B 단어의 첫소리를 잘 듣고, 알파벳을 따라 쓰세요. 🔊

1 bear

2  bus

3  big

4 bag

5  bed

6 ball

그림에 알맞은 단어를 연결하고, 큰 소리로 두 번씩 읽으세요.

1  · · bear

2 · · bag

3 · · ball

 우리말에 알맞은 단어에 동그라미 하고, 큰 소리로 두 번씩 읽으세요.

1 침대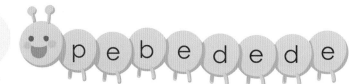

2 버스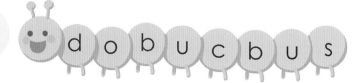

3 (크기가) 큰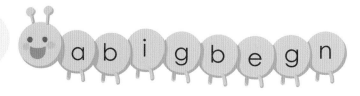

Writing 단어 쓰기 연습

A 우리말에 알맞은 알파벳을 연결하고, 두 번씩 쓰세요.

1 공 b a f l

d e l r

_____ _____

2 (크기가) 큰 d e g

b i q

_____ _____

3 곰 b o a l

d e i r

_____ _____

B 그림에 알맞은 단어를 구름에서 찾아 쓰세요.

1   _____

beg   bad

bas

2  _____

dad   bed

bus

3  _____

bag   ped

C c 씨

발음 듣기

공부한 날
월 일

 **알파벳**　이 알파벳 이름은 '씨'예요.

● '씨'를 큰 소리로 말하며, 쓰는 순서에 따라 다섯 번씩 쓰세요.

C ① C C C

대문자 (큰 글자)

C ① C C C

소문자 (작은 글자)

 소리　이 알파벳은 단어 안에서 /ㅋ/ 소리가 나요. 이를 살짝 벌리고, 목의 떨림 없이 짧게 발음해요.

● 단어의 발음을 잘 듣고, 큰 소리로 두 번씩 따라 말하세요. 🔊

cap
모자

cup
컵

cow
암소

cake
케이크

cold
추운

cook
요리하다

알파벳과 소릿값 익히기

단어를 잘 듣고, /ㅋ/ 소리가 나는 알파벳에 동그라미 하세요.

1  cook

2 cup

3  cap

4  cow

5 cake

6  cold

B 단어의 첫소리를 잘 듣고, 알파벳을 따라 쓰세요.

1  cow

2  cold

3  cook

4 cake

5  cap

6 cup

그림에 알맞은 단어를 연결하고, 큰 소리로 두 번씩 읽으세요.

1 · · cold

2  · · cake

3  · · cook

B. 우리말에 알맞은 단어에 동그라미 하고, 큰 소리로 두 번씩 읽으세요.

1 컵

w c u b c u p p

2 암소

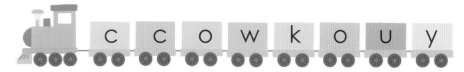
c c o w k o u y

3 모자

c e p c a p u p

A. 우리말에 알맞은 알파벳을 연결하고, 두 번씩 쓰세요.

1 암소

c　o　o

k　u　w

_____　_____

2 케이크

k　a　c　e

c　e　k　a

_____　_____

3 추운

c　a　f　d

k　o　l　b

_____　_____

 **B.** 〈보기〉의 모양에 따라 알맞은 알파벳을 쓰고, 완성된 단어의 뜻을 쓰세요.

보기

☆	◎	◈	◑	♠	♡
a	c	o	k	p	U

1

◎	◈	◈	◑	우리말 뜻

2

◎	☆	♠	우리말 뜻

3

◎	♡	♠	우리말 뜻

Dd 디

발음 듣기

공부한 날
월 일

알파벳 이 알파벳 이름은 '디'예요.

● '디'를 큰 소리로 말하며, 쓰는 순서에 따라 다섯 번씩 쓰세요.

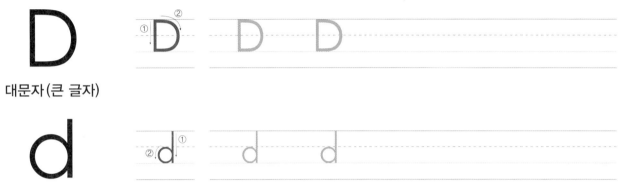

D

대문자(큰 글자)

d

소문자(작은 글자)

소리 이 알파벳은 단어 안에서 /ㄷ/ 소리가 나요. 입을 벌리고, 혀끝을 윗니와 입 천장 사이 부분에 살짝 댔다가 떼면서 짧게 발음해요.

● 단어의 발음을 잘 듣고, 큰 소리로 두 번씩 따라 말하세요.

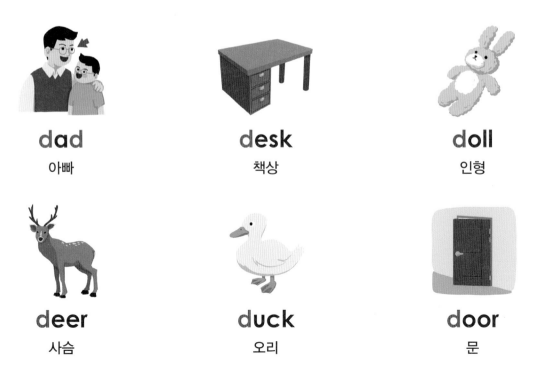

dad
아빠

desk
책상

doll
인형

deer
사슴

duck
오리

door
문

단어를 잘 듣고, /ㄷ/ 소리가 나는 알파벳에 동그라미 하세요. ◀))

1  door

2  doll

3 dad

4 duck

5  deer

6  desk

B 단어의 첫소리를 잘 듣고, 알파벳을 따라 쓰세요. ◀))

1 duck

2 dad

3 deer

4  desk

5  doll

6  door

그림에 알맞은 단어를 연결하고, 큰 소리로 두 번씩 읽으세요.

1  · · door

2 · · deer

3  · · doll

B 우리말에 알맞은 단어에 동그라미 하고, 큰 소리로 두 번씩 읽으세요.

1 오리 b u c k d u c d u c k e

2 책상 d a c d e s k d e s c k

3 아빠 b a d d a d d a b b e d

Writing 단어 쓰기 연습

A 우리말에 알맞은 알파벳을 연결하고, 두 번씩 쓰세요.

1 책상
d a s k
b e c c

2 오리
d u g k
p a c s

3 문
q u o r
d o e l

B 그림에 알맞은 단어의 알파벳을 순서대로 쓰고, 완성된 단어를 다시 쓰세요.

1

2

3

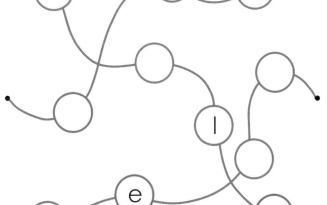

Aa ~ Dd

발음 듣기

A 단어를 잘 듣고, 첫소리를 내는 알파벳을 고르세요. 🔊

1 ① a   ② b

2 ① b   ② d

3 ① b   ② c

4 ① b   ② d

5 ① a   ② c

6 ① c   ② d

B 단어를 잘 듣고, 첫소리가 같은 단어를 연결하세요. 🔊

1 ·   · doll

2 ·   · cup

3 ·   · bed

4 ·   · ax

C 그림과 단어가 바르게 짝지어진 것을 고르세요.

①
ant

②
bag

③
doll

④
cake

D 우리말에 알맞은 단어를 찾아 동그라미 하고, 다시 써 보세요. (가로, 세로)

d	a	d	p	l	u	b
o	e	a	s	k	o	i
o	a	s	p	c	w	g
r	q	b	c	o	l	d
r	e	i	d	w	j	i
b	u	s	o	l	b	g

아빠
_____

버스
_____

묻다
_____

추운
_____

문
_____

(크기가) 큰
_____

알파벳 이 알파벳 이름은 '이'예요.

● '이'를 큰 소리로 말하며, 쓰는 순서에 따라 다섯 번씩 쓰세요.

E   E   E   E

대문자(큰 글자)

e   e   e

소문자(작은 글자)

소리 이 알파벳은 단어 안에서 /에/ 소리가 나요. 입을 살짝 양쪽으로 늘리고, 짧게 발음해요.

● 단어의 발음을 잘 듣고, 큰 소리로 두 번씩 따라 말하세요. 🔊

egg
달걀

elf
요정

end
끝

elbow
팔꿈치

empty
비어 있는

enter
들어가다

A 단어를 잘 듣고, /에/ 소리가 나는 알파벳에 동그라미 하세요. 🔊

①  end

②  empty

③  elf

④ egg

⑤  enter

⑥  elbow

B 단어의 첫소리를 잘 듣고, 알파벳을 따라 쓰세요. 🔊

①  elf

②  end

③  empty

④ enter

⑤  elbow

⑥ egg

Reading 단어 읽기 연습

 그림에 알맞은 단어를 연결하고, 큰 소리로 두 번씩 읽으세요.

1 　　　·　　　　　· enter

2 　　　·　　　　　· egg

3 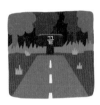　　　·　　　　　· end

B 우리말에 알맞은 단어에 동그라미 하고, 큰 소리로 두 번씩 읽으세요.

1  비어 있는 enemptyemptia

2  요정 alferpeifelfe

3  팔꿈치 ebuwelbowavow

Writing 단어 쓰기 연습

A. 우리말에 알맞은 알파벳을 연결하고, 두 번씩 쓰세요.

1 요정   a l f
         e r p

2 끝   e n b
         i m d

3 달걀   a g k
         e c g

B. 사다리를 타고, 그림에 알맞은 단어를 두 번씩 쓰세요.

1   2   3

알파벳 이 알파벳 이름은 '에프'예요.

● '에프'를 큰 소리로 말하며, 쓰는 순서에 따라 다섯 번씩 쓰세요.

F
대문자(큰 글자)

f
소문자(작은 글자)

소리 이 알파벳은 단어 안에서 /ㅍ/ 소리가 나요. 윗니를 아랫입술에 살짝 대고, 그 사이로 공기를 통과시키며 발음해요.

● 단어의 발음을 잘 듣고, 큰 소리로 두 번씩 따라 말하세요. ◀))

fat
살찐

fun
즐거운

fix
고치다

far
멀리

four
넷(사)

fish
물고기

알파벳과 소릿값 익히기

 단어를 잘 듣고, /ㅍ/ 소리가 나는 알파벳에 동그라미 하세요.

1  fat

2 fish

3  far

4  fun

5  fix

6 **4** four

B 단어의 첫소리를 잘 듣고, 알파벳을 따라 쓰세요.

1  fun

2 **4** four

3 fish

4 fix

5  far

6  fat

Reading 단어 읽기 연습

 그림에 알맞은 단어를 연결하고, 큰 소리로 두 번씩 읽으세요.

1  ·   · four

2  ·   · fun

3 ·   · fat

B 우리말에 알맞은 단어에 동그라미 하고, 큰 소리로 두 번씩 읽으세요.

1 고치다

a f i x p i x e

2 멀리

p a f e r f a r

3 물고기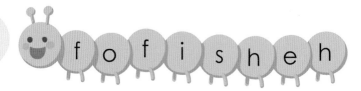

f o f i s h e h

A. 우리말에 알맞은 알파벳을 연결하고, 두 번씩 쓰세요.

1 멀리

f e r
p a l

_____   _____

2 살찐

f a d
p e t

_____   _____

3 물고기

p i s n
f e c h

_____   _____

B. 그림에 알맞은 단어를 구름에서 찾아 쓰세요.

1

_____

pix   fix

fan

2

_____

fun   for

fum

3

_____

fex   four

알파벳 이 알파벳 이름은 '쥐'예요.

● '쥐'를 큰 소리로 말하며, 쓰는 순서에 따라 다섯 번씩 쓰세요.

G
대문자 (큰 글자)

g
소문자 (작은 글자)

소리 이 알파벳은 단어 안에서 /ㄱ/ 소리가 나요. 턱을 아래로 당기고, 목 안쪽에 서부터 목이 울리도록 발음해요.

● 단어의 발음을 잘 듣고, 큰 소리로 두 번씩 따라 말하세요. ◀))

go
가다

gas
가스, 휘발유

girl
소녀

goat
염소

gold
금

good
좋은

A 단어를 잘 듣고, /ㄱ/ 소리가 나는 알파벳에 동그라미 하세요.

1  good

2  go

3  gold

4 gas

5  girl

6  goat

B 단어의 첫소리를 잘 듣고, 알파벳을 따라 쓰세요.

1 go

2  goat

3 gas

4  girl

5  gold

6 good

그림에 알맞은 단어를 연결하고, 큰 소리로 두 번씩 읽으세요.

1  · · gold

2 · · good

3 · · girl

 우리말에 알맞은 단어에 동그라미 하고, 큰 소리로 두 번씩 읽으세요.

1 가스

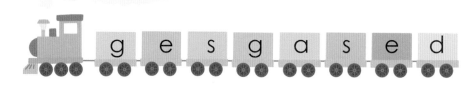
g e s g a s e d

2 가다

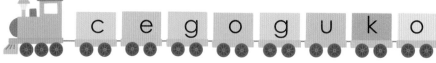
c e g o g u k o

3 염소

g o o t g o a t

A 우리말에 알맞은 알파벳을 연결하고, 두 번씩 쓰세요.

1 가다

k o

g a

_____   _____

2 좋은

g a e d

k o o b

_____   _____

3 염소

k o e t

g u a d

_____   _____

B 〈보기〉의 모양에 따라 알맞은 알파벳을 쓰고, 완성된 단어의 뜻을 쓰세요.

◇	▼	♣	◐	♠	♡	▣	☆
a	d	g	i	l	o	r	s

1

♣	◐	▣	♠	우리말 뜻

2

♣	♡	♠	▼	우리말 뜻

3

♣	◇	☆	우리말 뜻

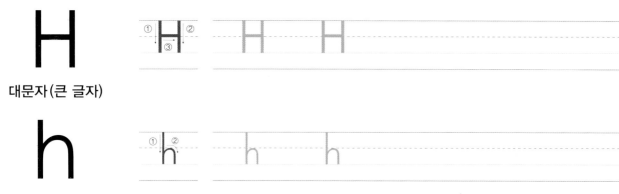

Hh 에이취

공부한 날
월   일

발음 듣기

 **알파벳** 이 알파벳 이름은 '에이취'예요.

● '에이취'를 큰 소리로 말하며, 쓰는 순서에 따라 다섯 번씩 쓰세요.

H
H   H   H

대문자(큰 글자)

h
h   h   h

소문자(작은 글자)

 소리 이 알파벳은 단어 안에서 /ㅎ/ 소리가 나요. 입을 살짝 벌리고, 목구멍에서부터 공기를 내뿜으며 발음해요.

● 단어의 발음을 잘 듣고, 큰 소리로 두 번씩 따라 말하세요. ◀))

hat
모자

hen
암탉

hot
더운, 뜨거운

hand
손

heart
심장, 마음

horse
말

A 단어를 잘 듣고, /ㅎ/ 소리가 나는 알파벳에 동그라미 하세요. 🔊

1  hand

2  hot

3 horse

4  hat

5  hen

6 heart

B 단어의 첫소리를 잘 듣고, 알파벳을 따라 쓰세요. 🔊

1 horse

2 heart

3 hand

4 hot

5  hat

6  hen

A 그림에 알맞은 단어를 연결하고, 큰 소리로 두 번씩 읽으세요.

1  · · hat

2  · · hot

3  · · hen

B 우리말에 알맞은 단어에 동그라미 하고, 큰 소리로 두 번씩 읽으세요.

1 말 n o l h o r s e h o r s

2 심장 h u r t a h e a r t e b

3 손 h a n d n e n d h a m d

A 우리말에 알맞은 알파벳을 연결하고, 두 번씩 쓰세요.

1 암탉

h   i   n

b   e   m

_____   _____

2 손

d   a   m   d

h   e   n   b

_____   _____

3 더운

h   o   f

n   a   t

_____   _____

B 그림에 알맞은 단어의 알파벳을 순서대로 쓰고, 완성된 단어를 다시 쓰세요.

1

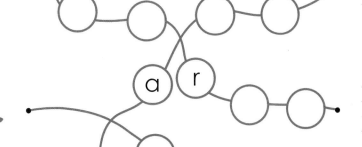

_____

2

a   r

_____

3

t

_____

발음 듣기

A. 단어를 잘 듣고, 첫소리를 내는 알파벳을 고르세요. 🔊

1. ① g ② h
2. ① f ② e
3. ① g ② f
4. ① h ② e
5. ① e ② g
6. 4 ① h ② f

B. 단어를 잘 듣고, 첫소리가 같은 단어를 연결하세요. 🔊

1.   ·   · elbow
2.   ·   · gold
3.   ·   · fish
4.   ·   · hen

C. 그림과 단어가 바르게 짝지어진 것을 고르세요.

① egg
elf

② fish
fun

③ heart
hat

④ thumb
good

D. 그림을 참고하면서 가로, 세로의 우리말에 알맞은 단어를 쓰세요.

가로 →	세로 ↓
3. 물고기	1. 비어 있는
6. 들어가다	2. 말
7. 염소	3. 살찐
8. 금	4. 심장
	5. 달걀
	7. 소녀

Ii 아이

발음 듣기

공부한 날
___월 ___일

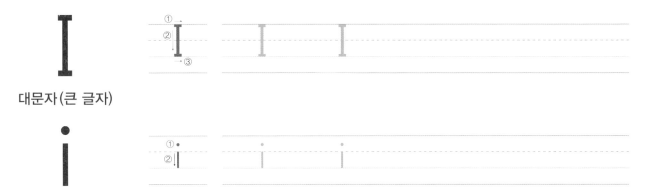

알파벳 이 알파벳 이름은 '아이'예요.

● '아이'를 큰 소리로 말하며, 쓰는 순서에 따라 다섯 번씩 쓰세요.

I
① ② ③

대문자(큰 글자)

i
① ②

소문자(작은 글자)

소리 이 알파벳은 단어 안에서 /이/ 소리가 나요. 입을 약간 벌리고, 힘을 뺀 상태에서 발음해요.

● 단어의 발음을 잘 듣고, 큰 소리로 두 번씩 따라 말하세요. 🔊

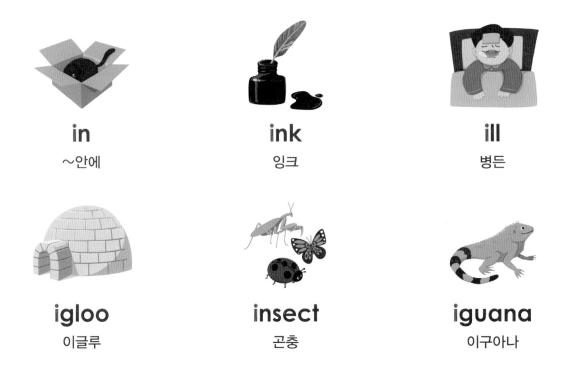

in
~안에

ink
잉크

ill
병든

igloo
이글루

insect
곤충

iguana
이구아나

A 단어를 잘 듣고, /이/ 소리가 나는 알파벳에 동그라미 하세요. 🔊

1  in

2  igloo

3  insect

4  ink

5  iguana

6  ill

B 단어의 첫소리를 잘 듣고, 알파벳을 따라 쓰세요. 🔊

1  ink

2  iguana

3  ill

4  in

5  igloo

6 insect

그림에 알맞은 단어를 연결하고, 큰 소리로 두 번씩 읽으세요.

1    ·   · in

2    ·   · ink

3    ·   · iguana

B 우리말에 알맞은 단어에 동그라미 하고, 큰 소리로 두 번씩 읽으세요.

1  병든   ellirlilleilr

2  곤충   iminsectinsac

3  이글루   icloiglooeglo

A. 우리말에 알맞은 알파벳을 연결하고, 두 번씩 쓰세요.

1 이글루

e k l e o
i g r o u

_____ _____

2 잉크

i n c
a m k

_____ _____

3 이구아나

e g y o n e
i k u a m a

_____ _____

B. 사다리를 타고, 그림에 알맞은 단어를 두 번씩 쓰세요.

1   2   3

Jj 제이

알파벳   이 알파벳 이름은 '제이'예요.

● '제이'를 큰 소리로 말하며, 쓰는 순서에 따라 다섯 번씩 쓰세요.

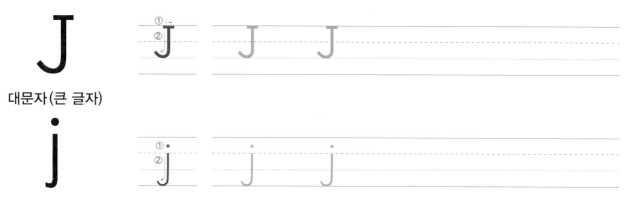

J

대문자(큰 글자)

j

소문자(작은 글자)

소리   이 알파벳은 단어 안에서 /쥐/ 소리가 나요. 입을 오므리고, 혀끝을 윗니와 입천장 사이 부분에 살짝 댔다가 떼면서 발음해요.

● 단어의 발음을 잘 듣고, 큰 소리로 두 번씩 따라 말하세요. ◀))

jam
잼

jet
제트기

jog
조깅하다

jump
점프하다

juice
주스

jungle
정글

단어를 잘 듣고, /쥐/ 소리가 나는 알파벳에 동그라미 하세요.

1  jungle

2  jump

3 juice

4  jet

5  jog

6 jam

 단어의 첫소리를 잘 듣고, 알파벳을 따라 쓰세요.

1  jet

2 juice

3 jog

4  jungle

5 jam

6  jump

Reading 단어 읽기 연습

 그림에 알맞은 단어를 연결하고, 큰 소리로 두 번씩 읽으세요.

1  · · jump

2  · · jog

3  · · jungle

B 우리말에 알맞은 단어에 동그라미 하고, 큰 소리로 두 번씩 읽으세요.

1 잼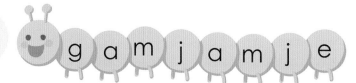

2 제트기

3 주스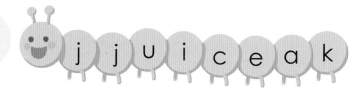

A 우리말에 알맞은 알파벳을 연결하고, 두 번씩 쓰세요.

1 주스   j u e c a
       g o i s e

_____   _____

2 잼   g a m
     j e n

_____   _____

3 점프하다   j u n f
          g o m p

_____   _____

B 그림에 알맞은 단어를 구름에서 찾아 쓰세요.

1   _____

jangle   jungle

jomp

2    _____

jump   jog

jat

3    _____

jet   jumgle

Kk 케이

발음 듣기

공부한 날
월   일

알파벳 이 알파벳 이름은 '케이'예요.

● '케이'를 큰 소리로 말하며, 쓰는 순서에 따라 다섯 번씩 쓰세요.

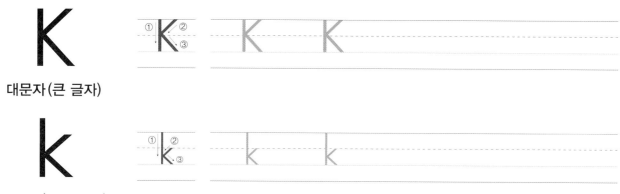

K
대문자(큰 글자)

k
소문자(작은 글자)

소리 이 알파벳은 단어 안에서 /ㅋ/ 소리가 나요. 이를 살짝 벌리고, 목의 떨림 없이 짧게 발음해요.

● 단어의 발음을 잘 듣고, 큰 소리로 두 번씩 따라 말하세요. ◀))

kid
아이

key
열쇠

kick
(발로) 차다

king
왕

kite
연

koala
코알라

알파벳과 소릿값 익히기

 단어를 잘 듣고, /ㅋ/ 소리가 나는 알파벳에 동그라미 하세요. ◀))

1  king

2  kick

3  koala

4 key

5  kid

6  kite

B 단어의 첫소리를 잘 듣고, 알파벳을 따라 쓰세요. ◀))

1 kite

2  kid

3 key

4 koala

5  kick

6  king

Reading 단어 읽기 연습

 A 그림에 알맞은 단어를 연결하고, 큰 소리로 두 번씩 읽으세요.

1  ·   · koala

2 ·   · kite

3  ·   · king

B 우리말에 알맞은 단어에 동그라미 하고, 큰 소리로 두 번씩 읽으세요.

1 열쇠

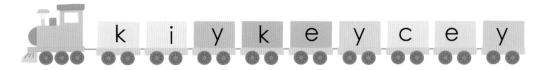

k i y k e y c e y

2 (발로) 차다

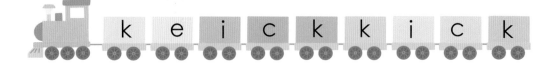

k e i c k k i c k

3 아이

k e d k i k i d e

A. 우리말에 알맞은 알파벳을 연결하고, 두 번씩 쓰세요.

1 아이

k e d

c i b

_____ _____
_____ _____

2 열쇠

c a y

k e i

_____ _____
_____ _____

3 연

k i f y

c e t e

_____ _____
_____ _____

B. 〈보기〉의 모양에 따라 알맞은 알파벳을 쓰고, 완성된 단어의 뜻을 쓰세요.

보기

♣	◇	♠	☆	◨	◈	◎	☺
a	c	g	i	k	l	n	o

1
◨	☺	♣	◈	♣	우리말 뜻

2
◨	☆	◇	◨	우리말 뜻

3
◨	☆	◎	♠	우리말 뜻

알파벳 이 알파벳 이름은 '엘'이에요.

● '엘'을 큰 소리로 말하며, 쓰는 순서에 따라 다섯 번씩 쓰세요.

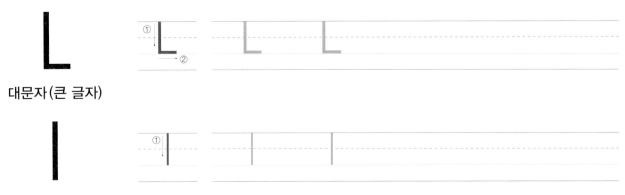

대문자(큰 글자)

소문자(작은 글자)

소리 이 알파벳은 단어 안에서 /(을)ㄹ/ 소리가 나요. 혀끝을 윗니와 입천장 사이 부분에 대면서 발음해요.

● 단어의 발음을 잘 듣고, 큰 소리로 두 번씩 따라 말하세요.

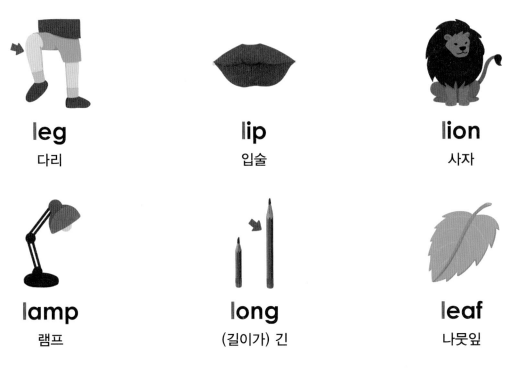

leg
다리

lip
입술

lion
사자

lamp
램프

long
(길이가) 긴

leaf
나뭇잎

알파벳과 소릿값 익히기

A 단어를 잘 듣고, /(을)ㄹ/ 소리가 나는 알파벳에 동그라미 하세요. 🔊

1  lion

2  lamp

3 long

4 leaf

5  leg

6  lip

B 단어의 첫소리를 잘 듣고, 알파벳을 따라 쓰세요. 🔊

1 long

2  leg

3 leaf

4 lion

5  lamp

6 lip

A 그림에 알맞은 단어를 연결하고, 큰 소리로 두 번씩 읽으세요.

1  · · lion

2 · · long

3 · · lip

B 우리말에 알맞은 단어에 동그라미 하고, 큰 소리로 두 번씩 읽으세요.

1 나뭇잎
lefleafleefe

2 다리
reglagllegle

3 램프
lamblemplamp

A 우리말에 알맞은 알파벳을 연결하고, 두 번씩 쓰세요.

1 다리

l e k
r a g

_____   _____

2 사자

r i o m
l e u n

_____   _____

3 입술

l e p
r i f

_____   _____

B 그림에 알맞은 단어의 알파벳을 순서대로 쓰고, 완성된 단어를 다시 쓰세요.

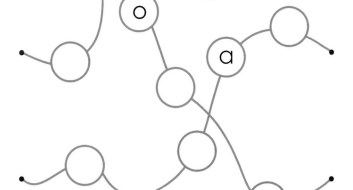

1

_____

2

_____

3

_____

Ii ~ Ll

발음 듣기

A 단어를 잘 듣고, 첫소리를 내는 알파벳을 고르세요. 🔊

1 ① i ② j

2 ① i ② j

3 ① j ② k

4 ① k ② l

5 ① j ② l

6 ① i ② k

B 단어를 잘 듣고, 첫소리가 같은 단어를 연결하세요. 🔊

1 ·

· king

2 ·

· jam

3 ·

· ill

4 ·

· lip

C. 그림과 단어가 바르게 짝지어진 것을 고르세요.

①  igloo

②  jungle

③  kick

④ leaf

 D. 〈보기〉의 우리말에 알맞은 단어를 찾아 칸을 색칠하세요.

보기

| ~안에 | 곤충 | 이글루 | 왕 | (발로) 차다 |
| 코알라 | 램프 | 나뭇잎 | 주스 | 열쇠 |

juice	ill	kite	koala	ink
insect	jam	lamp	cap	kid
king	key	iguana	jungle	lion
in	leg	leaf	jump	jet
kick	jog	long	igloo	lip

● 칸을 색칠하면 어떤 알파벳이 보이나요? _____

알파벳 이 알파벳 이름은 '엠'이에요.

● '엠'을 큰 소리로 말하며, 쓰는 순서에 따라 다섯 번씩 쓰세요.

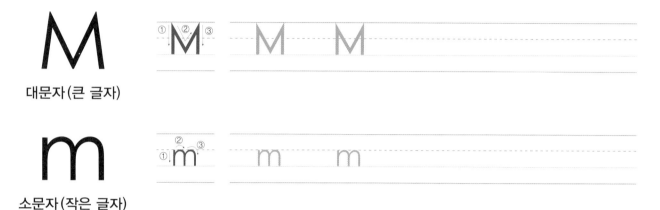

대문자(큰 글자)

소문자(작은 글자)

소리 이 알파벳은 단어 안에서 /(음)ㅁ/ 소리가 나요. 입을 붙였다가 떼면서 발음해요.

● 단어의 발음을 잘 듣고, 큰 소리로 두 번씩 따라 말하세요. 🔊

man
남자

map
지도

mom
엄마

milk
우유

moon
달

monkey
원숭이

단어를 잘 듣고, /(음)ㅁ/ 소리가 나는 알파벳에 동그라미 하세요. 🔊

1  moon

2  monkey

3  map

4  man

5 milk

6  mom

B 단어의 첫소리를 잘 듣고, 알파벳을 따라 쓰세요. 🔊

1 map

2 milk

3 man

4 monkey

5  mom

6  moon

그림에 알맞은 단어를 연결하고, 큰 소리로 두 번씩 읽으세요.

1   ·   · milk

2      ·   · moon

3      ·   · man

B 우리말에 알맞은 단어에 동그라미 하고, 큰 소리로 두 번씩 읽으세요.

1      엄마   mounemomnemon

2      지도   napemapnepmop

3      원숭이   emonkeymunkey

A 우리말에 알맞은 알파벳을 연결하고, 두 번씩 쓰세요.

1. 엄마

   m   a   m
   n   o   n

2. 달

   n   o   u   n
   m   e   o   u

3. 지도

   m   a   f
   n   e   p

B 사다리를 타고, 그림에 알맞은 단어를 두 번씩 쓰세요.

1 2 3

Nn 엔

공부한 날

월 일

발음 듣기

알파벳 이 알파벳 이름은 '엔'이에요.

● '엔'을 큰 소리로 말하며, 쓰는 순서에 따라 다섯 번씩 쓰세요.

N

대문자 (큰 글자)

n

소문자 (작은 글자)

소리 이 알파벳은 단어 안에서 /(은)ㄴ/ 소리가 나요. 입을 살짝 벌리고, 혀끝을 윗니와 입천장 사이 부분에 대면서 콧바람을 내며 발음해요.

● 단어의 발음을 잘 듣고, 큰 소리로 두 번씩 따라 말하세요. 🔊

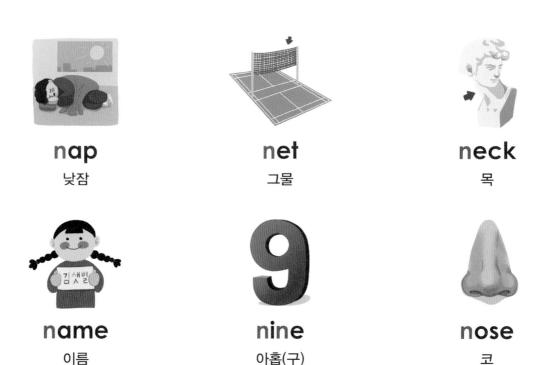

nap
낮잠

net
그물

neck
목

name
이름

nine
아홉(구)

nose
코

알파벳과 소릿값 익히기

 단어를 잘 듣고, /(은)ㄴ/ 소리가 나는 알파벳에 동그라미 하세요. ◀))

1  name

2  nose

3 nine

4  nap

5  neck

6 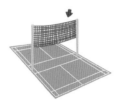 net

 단어의 첫소리를 잘 듣고, 알파벳을 따라 쓰세요. ◀))

1 nine

2  name

3 nap

4 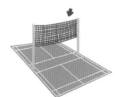 net

5 nose

6  neck

그림에 알맞은 단어를 연결하고, 큰 소리로 두 번씩 읽으세요.

1  ·   · nap

2  ·   · nose

3   ·   · net

 우리말에 알맞은 단어에 동그라미 하고, 큰 소리로 두 번씩 읽으세요.

1 이름  m a n e n a m e

2 목 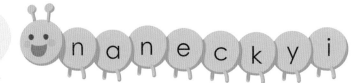 n a n e c k y i

3 아홉(구) 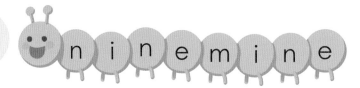 n i n e m i n e

A 우리말에 알맞은 알파벳을 연결하고, 두 번씩 쓰세요.

1 목

m a c k

n e g c

_____ _____

2 그물

n a f

m e t

_____ _____

3 이름

m a n e

n e m y

_____ _____

B 그림에 알맞은 단어를 구름에서 찾아 쓰세요.

1

_____

nime   mose

nose

2 **9**

_____

nine   nep

map

3

_____

nene   nap

알파벳 이 알파벳 이름은 '오우'예요.

● '오우'를 큰 소리로 말하며, 쓰는 순서에 따라 다섯 번씩 쓰세요.

대문자 (큰 글자)

소문자 (작은 글자)

소리 이 알파벳은 단어 안에서 /아/ 소리가 나요. 입을 크게 벌리고 짧게 발음해요.

● 단어의 발음을 잘 듣고, 큰 소리로 두 번씩 따라 말하세요. 🔊

on
~위에

office
사무실

orange
오렌지

otter
수달

octopus
문어

ostrich
타조

알파벳과 소릿값 익히기

 단어를 잘 듣고, /아/ 소리가 나는 알파벳에 동그라미 하세요. 🔊

1 orange

2  octopus

3  otter

4  ostrich

5  on

6 office

B 단어의 첫소리를 잘 듣고, 알파벳을 따라 쓰세요. 🔊

1  ostrich

2  otter

3  office

4 orange

5  octopus

6  on

Reading 단어 읽기 연습

 그림에 알맞은 단어를 연결하고, 큰 소리로 두 번씩 읽으세요.

1  · · on

2  · · ostrich

3  · · octopus

 우리말에 알맞은 단어에 동그라미 하고, 큰 소리로 두 번씩 읽으세요.

1 사무실

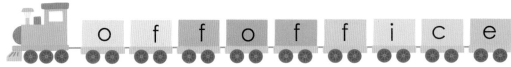
o f f o f f i c e

2 오렌지

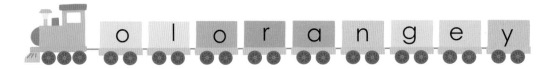
o l o r a n g e y

3 수달

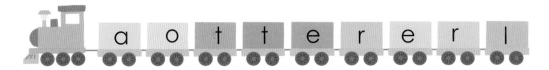
a o t t e r e r l

Writing 단어 쓰기 연습

A 우리말에 알맞은 알파벳을 연결하고, 두 번씩 쓰세요.

1 ~위에

o m

a n

_____ _____

2 오렌지

a r o n j e

o l a m g y

_____ _____

3 수달

o t d o r

a f t e l

_____ _____

B 〈보기〉의 모양에 따라 알맞은 알파벳을 쓰고, 완성된 단어의 뜻을 쓰세요.

보기

◈	♡	◐	◇	▣	◎	▼	☆	♥	♣	♠
c	e	f	h	i	o	p	r	s	t	u

1

◎	◈	♣	◎	▼	♠	♥	우리말 뜻

2

◎	◐	◐	▣	◈	♡	우리말 뜻

3

◎	♥	♣	☆	▣	◈	◇	우리말 뜻

Day 16 **Pp** 피

공부한 날

월　일

발음 듣기

알파벳 이 알파벳 이름은 '피'예요.

● '피'를 큰 소리로 말하며, 쓰는 순서에 따라 다섯 번씩 쓰세요.

P
P　P　P

대문자(큰 글자)

p
p　p　p

소문자(작은 글자)

소리 이 알파벳은 단어 안에서 /ㅍ/ 소리가 나요. 윗입술과 아랫입술을 붙였다가 떼면서 목의 떨림없이 짧게 발음해요.

● 단어의 발음을 잘 듣고, 큰 소리로 두 번씩 따라 말하세요. ◀﹚

pen
펜

pig
돼지

pin
핀

park
공원

pants
바지

pear
배

알파벳과 소릿값 익히기

 A 단어를 잘 듣고, /ㅍ/ 소리가 나는 알파벳에 동그라미 하세요. 🔊

1  pig

2  pen

3  pants

4 pear

5 pin

6  park

B 단어의 첫소리를 잘 듣고, 알파벳을 따라 쓰세요. 🔊

1 pen

2  park

3  pear

4 pin

5  pig

6  pants

그림에 알맞은 단어를 연결하고, 큰 소리로 두 번씩 읽으세요.

1  ·   · pig

2  ·   · pants

3  ·   · park

B 우리말에 알맞은 단어에 동그라미 하고, 큰 소리로 두 번씩 읽으세요.

1 펜
p e f e n p e n p a n e

2 배
p a p e a r p a e r e l

3 핀
p a f i n p y n p i n y

A 우리말에 알맞은 알파벳을 연결하고, 두 번씩 쓰세요.

1 배
  p o a r
  b e i l

2 공원
  p u r c
  b a l k

3 펜
  b i n
  p e m

B 그림에 알맞은 단어의 알파벳을 순서대로 쓰고, 완성된 단어를 다시 쓰세요.

1

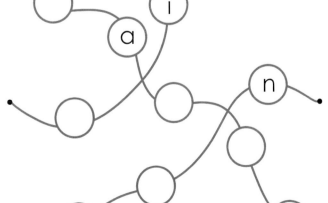

a   i

2

n

3

발음 듣기

A 단어를 잘 듣고, 첫소리를 내는 알파벳을 고르세요. 🔊

1 ① m ② n

2 ① f ② p

3 ① o ② p

4 ① m ② n

5 ① n ② p

6 ① m ② o

B 단어를 잘 듣고, 첫소리가 같은 단어를 연결하세요. 🔊

1 ·   · pin

2 ·   · on

3 ·   · man

4 ·   · nap

C 그림과 단어가 바르게 짝지어진 것을 고르세요.

①
net

②
map

③
ostrich

④
pear

 D 우리말에 알맞은 단어를 찾아 동그라미 하고, 다시 써 보세요. (가로, 세로)

m	o	u	s	e	d	n
o	f	m	a	p	e	o
n	f	o	m	p	i	s
k	i	u	n	a	m	e
e	c	p	e	r	a	y
y	e	o	m	k	c	n

사무실	공원	지도

코	이름	원숭이

Q q 큐

알파벳 이 알파벳 이름은 '큐'예요.

● '큐'를 큰 소리로 말하며, 쓰는 순서에 따라 다섯 번씩 쓰세요.

Q   Q   Q   Q

대문자(큰 글자)

q   q   q   q

소문자(작은 글자)

소리 이 알파벳은 대부분 뒤에 u가 함께 와서 /쿠위/ 소리가 나요. qu는 입술을 모으고 '쿠위'라고 발음해요.

● 단어의 발음을 잘 듣고, 큰 소리로 두 번씩 따라 말하세요. ◀》

quiz
퀴즈

quiet
조용한

queen
여왕

quick
빠른

quilt
누비이불, 퀼트

question
질문

A 단어를 잘 듣고, /쿠위/ 소리가 나는 알파벳에 동그라미 하세요. 🔊

1  question

2  quick

3  quilt

4 quiet

5  queen

6  quiz

 B 단어의 첫소리를 잘 듣고, 알파벳을 따라 쓰세요. 🔊

1  quilt

2  quiz

3  question

4 queen

5  quiet

6  quick

그림에 알맞은 단어를 연결하고, 큰 소리로 두 번씩 읽으세요.

1 　·　　　　·　quilt

2 　·　　　　·　quiet

3 　·　　　　·　question

우리말에 알맞은 단어에 동그라미 하고, 큰 소리로 두 번씩 읽으세요.

1 　빠른　qieckequickey

2 　여왕　quinqueenqeen

3 　퀴즈　kqisycuizquiz

Writing 단어 쓰기 연습

A. 우리말에 알맞은 알파벳을 연결하고, 두 번씩 쓰세요.

1 퀴즈

p u e s

q o i z

2 조용한

q n i u d

p u a e t

3 빠른

q o i c k

p u e g t

B. 사다리를 타고, 그림에 알맞은 단어를 두 번씩 쓰세요.

1　　　　　　　**2**　　　　　　　**3**

Rr 알

공부한 날
월 일

알파벳　이 알파벳 이름은 '알'이에요.

● '알'을 큰 소리로 말하며, 쓰는 순서에 따라 다섯 번씩 쓰세요.

R
대문자 (큰 글자)

r
소문자 (작은 글자)

소리　이 알파벳은 단어 안에서 /(얼)ㄹ/ 소리가 나요. 입안에서 혀를 동그랗게 안쪽으로 말고, 입천장 어디에도 닿지 않게 발음해요.

● 단어의 발음을 잘 듣고, 큰 소리로 두 번씩 따라 말하세요. ◀》

red
빨간

run
달리다

rain
비

read
읽다

ring
반지

rose
장미

A 단어를 잘 듣고, /(얼)ㄹ/ 소리가 나는 알파벳에 동그라미 하세요. 🔊

1 ring

2  rain

3  rose

4 run

5 red

6 read

B 단어의 첫소리를 잘 듣고, 알파벳을 따라 쓰세요. 🔊

1 rose

2 read

3 red

4 rain

5 ring

6 run

Reading 단어 읽기 연습

A 그림에 알맞은 단어를 연결하고, 큰 소리로 두 번씩 읽으세요.

1 · · rose

2 · · ring

3 · · rain

B 우리말에 알맞은 단어에 동그라미 하고, 큰 소리로 두 번씩 읽으세요.

1 읽다 

2 달리다 

3 빨간 

A 우리말에 알맞은 알파벳을 연결하고, 두 번씩 쓰세요.

1 반지　 r　e　m　g
　　　　　 l　i　n　k

2 비　　 l　a　y　m
　　　　　 r　e　i　n

3 읽다　 r　i　a　b
　　　　　 l　e　o　d

B 그림에 알맞은 단어를 구름에서 찾아 쓰세요.

1

2

3

red　　rad

ron

rum　　roze

run

rose　　rase

S s 에쓰

 **알파벳**   이 알파벳 이름은 '에쓰'예요.

● '에쓰'를 큰 소리로 말하며, 쓰는 순서에 따라 다섯 번씩 쓰세요.

S   S   S   S

대문자(큰 글자)

S   S   S   S

소문자(작은 글자)

 소리   이 알파벳은 단어 안에서 /쓰/ 소리가 나요. 윗니와 아랫니를 아주 가까이 댄 상태에서, 혀는 입천장 어디에도 닿지 않게 발음해요.

● 단어의 발음을 잘 듣고, 큰 소리로 두 번씩 따라 말하세요. ◀»

sad
슬픈

sit
앉다

sun
해

sea
바다

sing
노래하다

sick
아픈

알파벳과 소릿값 익히기

 단어를 잘 듣고, /쓰/ 소리가 나는 알파벳에 동그라미 하세요. ◄))

1  sea

2 sad

3  sick

4 sit

5 sun

6  sing

B 단어의 첫소리를 잘 듣고, 알파벳을 따라 쓰세요. ◄))

1  sick

2 sun

3 sea

4 sing

5  sad

6  sit

그림에 알맞은 단어를 연결하고, 큰 소리로 두 번씩 읽으세요.

1      ·   · sing

2      ·   · sun

3      ·   · sick

B 우리말에 알맞은 단어에 동그라미 하고, 큰 소리로 두 번씩 읽으세요.

1   슬픈

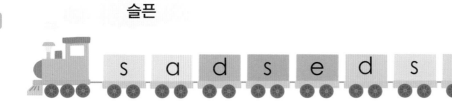

s a d   s e d   s i d

2   바다

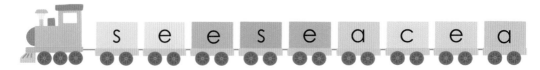

s e e   s e a   c e a

3   앉다

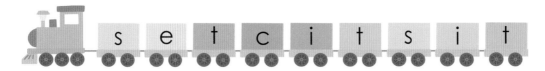

s e t   c i t   s i t

A. 우리말에 알맞은 알파벳을 연결하고, 두 번씩 쓰세요.

1. 아픈

   s i e k
   c e c g

2. 슬픈

   z e d
   s a t

3. 앉다

   s i b
   c e t

B. 〈보기〉의 모양에 따라 알맞은 알파벳을 쓰고, 완성된 단어의 뜻을 쓰세요.

보기

◑	▣	▷	♠	◎	◇	★
a	e	g	i	n	s	u

1.

◇	♠	◎	▷	우리말 뜻

2.

◇	▣	◑		우리말 뜻

3.

◇	★	◎		우리말 뜻

T t 티

발음 듣기

공부한 날
월 일

 **알파벳** 이 알파벳 이름은 '티'예요.

● '티'를 큰 소리로 말하며, 쓰는 순서에 따라 다섯 번씩 쓰세요.

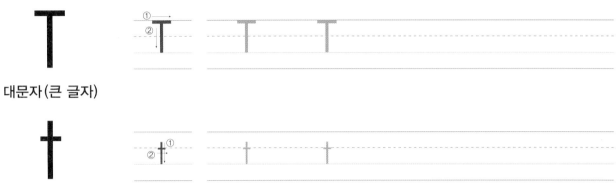

대문자(큰 글자)

소문자(작은 글자)

 소리 이 알파벳은 단어 안에서 /ㅌ/ 소리가 나요. 입을 살짝 벌리고, 혀끝을 윗니와 입천장 사이 부분에 살짝 댔다가 떼면서 짧게 발음해요.

● 단어의 발음을 잘 듣고, 큰 소리로 두 번씩 따라 말하세요. 🔊

ten
열(십)

top
꼭대기

toy
장난감

tall
(키가) 큰

table
식탁

tiger
호랑이

단어를 잘 듣고, /ㅌ/ 소리가 나는 알파벳에 동그라미 하세요. 🔊

1 table

2  tall

3 **10** ten

4 tiger

5  toy

6 top

B 단어의 첫소리를 잘 듣고, 알파벳을 따라 쓰세요. 🔊

1 top

2 tiger

3 toy

4  tall

5 table

6 **10** ten

Reading 단어 읽기 연습

 A 그림에 알맞은 단어를 연결하고, 큰 소리로 두 번씩 읽으세요.

1  ·   · table

2 ·   · tall

3 ·   · tiger

B 우리말에 알맞은 단어에 동그라미 하고, 큰 소리로 두 번씩 읽으세요.

1
장난감 t t o y t a y t o e y y

2
열(십) t a n e t e n a t e e n

3
꼭대기 t o b t a p t o p t e p

Writing 단어 쓰기 연습

A 우리말에 알맞은 알파벳을 연결하고, 두 번씩 쓰세요.

1 호랑이

t i k e r

f e g a l

_____ _____

2 꼭대기

f o p

t a b

_____ _____

3 (키가) 큰

t o l e

f a r l

_____ _____

B 그림에 알맞은 단어의 알파벳을 순서대로 쓰고, 완성된 단어를 다시 쓰세요.

1

n

_____

2

b o

_____

3

_____

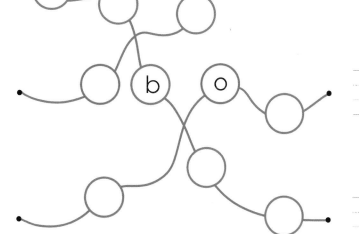

 **알파벳** 이 알파벳 이름은 '유'예요.

● '유'를 큰 소리로 말하며, 쓰는 순서에 따라 다섯 번씩 쓰세요.

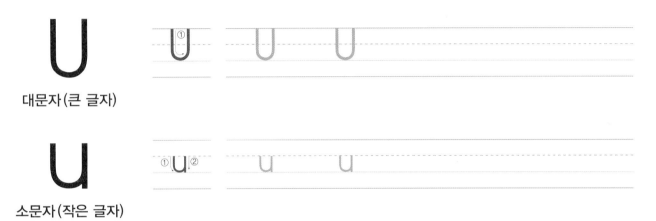

U
대문자(큰 글자)

u
소문자(작은 글자)

 소리 이 알파벳은 단어 안에서 /어/ 소리가 나요. 입을 살짝 벌리고 짧게 발음해요.

● 단어의 발음을 잘 듣고, 큰 소리로 두 번씩 따라 말하세요. ◀))

up
위로

upset
속상한

under
~아래에

uncle
삼촌

unhappy
불행한

umbrella
우산

알파벳과 소릿값 익히기

 단어를 잘 듣고, /어/ 소리가 나는 알파벳에 동그라미 하세요. 🔊

1  unhappy

2  under

3 up

4  upset

5  umbrella

6 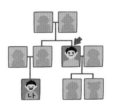 uncle

B 단어의 첫소리를 잘 듣고, 알파벳을 따라 쓰세요. 🔊

1 upset

2 up

3 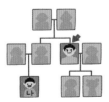 uncle

4 umbrella

5  under

6  unhappy

A. 그림에 알맞은 단어를 연결하고, 큰 소리로 두 번씩 읽으세요.

1  ・

・ unhappy

2 ・

・ up

3  ・

・ umbrella

B. 우리말에 알맞은 단어에 동그라미 하고, 큰 소리로 두 번씩 읽으세요.

1  삼촌 umcleunclekle

2  속상한 ubupsetupcete

3  ~아래에 unbereunderle

Writing 단어 쓰기 연습

A. 우리말에 알맞은 알파벳을 연결하고, 두 번씩 쓰세요.

1. ~아래에   a n d i r
   u m b e l

2. 삼촌   u n k r e
   e m c l i

3. 속상한   e p z e f
   u f s a t

B. 사다리를 타고, 그림에 알맞은 단어를 두 번씩 쓰세요.

1   2   3

Review Test (5)

Qq ~ Uu

발음 듣기

A 단어를 잘 듣고, 첫소리를 내는 알파벳을 고르세요.

1 **10** ① s ② t

2 ① r ② t

3 ① qu ② r

4 ① s ② t

5 ① t ② u

6 ① qu ② s

B 단어를 잘 듣고, 첫소리가 같은 단어를 연결하세요.

1 ·　　　　　· sun

2 ·　　　　　· tall

3 ·　　　　　· rose

4 ·　　　　　· uncle

C. 그림과 단어가 바르게 짝지어진 것을 고르세요.

①

quick

②

under

③ **10**

tiger

④

ring

D. 그림을 참고하면서 가로, 세로의 우리말에 알맞은 단어를 쓰세요.

가로 →	세로 ↓
1. 빨간	1. 비
2. 불행한	2. 우산
4. 아픈	3. 빠른
5. 질문	4. 노래하다
6. 식탁	6. 장난감

Vv 뷔

공부한 날
월 일

발음 듣기

알파벳 이 알파벳 이름은 '뷔'예요.

● '뷔'를 큰 소리로 말하며, 쓰는 순서에 따라 다섯 번씩 쓰세요.

대문자(큰 글자)

소문자(작은 글자)

소리 이 알파벳은 단어 안에서 /ㅂ/ 소리가 나요. 윗니를 아랫입술에 살짝 대었다가 떼면서 소리를 내는데, 진동을 느끼면서 발음해요.

● 단어의 발음을 잘 듣고, 큰 소리로 두 번씩 따라 말하세요. ◀))

van
밴(승합차)

vase
꽃병

vest
조끼

violin
바이올린

village
마을

volcano
화산

알파벳과 소릿값 익히기

 단어를 잘 듣고, /ㅂ/ 소리가 나는 알파벳에 동그라미 하세요. ◀))

1  village

2  vest

3  volcano

4  van

5  violin

6  vase

 단어의 첫소리를 잘 듣고, 알파벳을 따라 쓰세요. ◀))

1 vase

2  volcano

3 vest

4  violin

5 van

6  village

그림에 알맞은 단어를 연결하고, 큰 소리로 두 번씩 읽으세요.

1  · · volcano

2  · · violin

3  · · village

B 우리말에 알맞은 단어에 동그라미 하고, 큰 소리로 두 번씩 읽으세요.

1 조끼
v e s t v a s t

2 꽃병
v e s v a s e y

3 밴 (승합차)
v a v a n w a n

Writing 단어 쓰기 연습

 A 우리말에 알맞은 알파벳을 연결하고, 두 번씩 쓰세요.

1 바이올린
b i o r e n
v e a l i m

_____ _____

2 꽃병
v a z y
b e s e

_____ _____

3 조끼
b e z t
v a s f

_____ _____

B 그림에 알맞은 단어를 구름에서 찾아 쓰세요.

1
_____

vellage van

virage

2
_____

ven village

vam

3
_____

varcano volcano

알파벳 이 알파벳 이름은 '더블유'예요.

● '더블유'를 큰 소리로 말하며, 쓰는 순서에 따라 다섯 번씩 쓰세요.

W

대문자(큰 글자)

① ②
W   W   W

W

소문자(작은 글자)

① ②
w   w   w

소리 이 알파벳은 단어 안에서 /(우)워/ 소리가 나요. 입을 모으며 짧게 발음해요.

● 단어의 발음을 잘 듣고, 큰 소리로 두 번씩 따라 말하세요. ◀))

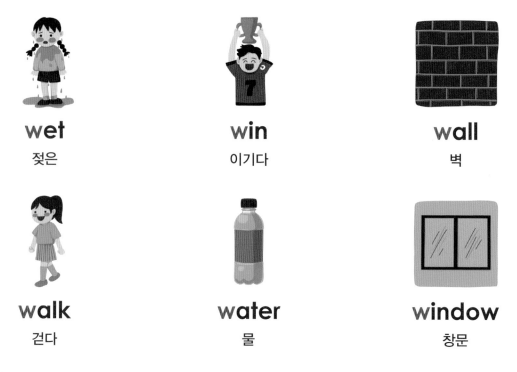

wet
젖은

win
이기다

wall
벽

walk
걷다

water
물

window
창문

알파벳과 소릿값 익히기

 단어를 잘 듣고, /(우)워/ 소리가 나는 알파벳에 동그라미 하세요. 🔊

1  walk

2 window

3  wet

4 water

5  wall

6  win

B 단어의 첫소리를 잘 듣고, 알파벳을 따라 쓰세요. 🔊

1 water

2  wall

3  walk

4 win

5 window

6  wet

A. 그림에 알맞은 단어를 연결하고, 큰 소리로 두 번씩 읽으세요.

1  · · window

2 · · water

3  · · wall

B. 우리말에 알맞은 단어에 동그라미 하고, 큰 소리로 두 번씩 읽으세요.

1 이기다

v v w i n v i n e y

2 젖은

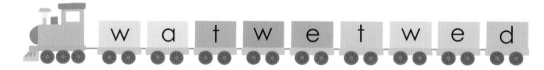
w a t w e t w e d

3 걷다

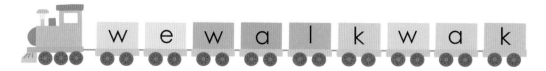
w e w a l k w a k

A 우리말에 알맞은 알파벳을 연결하고, 두 번씩 쓰세요.

1 젖은   w i t / v e f

2 걷다   w e l c / m a r k

3 이기다   v y n / w i m

B 〈보기〉의 모양에 따라 알맞은 알파벳을 쓰고, 완성된 단어의 뜻을 쓰세요.

보기

♠	◎	▼	♣	▨	☺	◈	▷	♥	◇
a	d	e	i	l	n	o	r	t	w

1

◇	♠	♥	▼	▷	우리말 뜻

2

◇	♣	☺	◎	◈	◇	우리말 뜻

3

◇	♠	▨	▨	우리말 뜻

알파벳 이 알파벳 이름은 '엑쓰'예요.

● '엑쓰'를 큰 소리로 말하며, 쓰는 순서에 따라 다섯 번씩 쓰세요.

X
대문자(큰 글자)

①X② X X

X
소문자(작은 글자)

①X② X X

소리 이 알파벳은 단어 안에서 /ㅋㅅ/ 소리가 나요. '크'와 '스' 두 개의 소리를 연이어 발음해요.

● 단어의 발음을 잘 듣고, 큰 소리로 두 번씩 따라 말하세요. ◀))

ox
황소

box
상자

fox
여우

six
여섯

mix
섞다

taxi
택시

단어를 잘 듣고, /ㅋㅅ/ 소리가 나는 알파벳에 동그라미 하세요.

1  mix

2 ox

3  taxi

4 **6** six

5  fox

6 box

B 단어를 잘 듣고, /ㅋㅅ/ 소리가 나는 알파벳을 따라 쓰세요.

1  taxi

2 **6** six

3 box

4 mix

5 ox

6  fox

A 그림에 알맞은 단어를 연결하고, 큰 소리로 두 번씩 읽으세요.

1 **6** · · box

2 · · six

3 · · ox

B 우리말에 알맞은 단어에 동그라미 하고, 큰 소리로 두 번씩 읽으세요.

1 택시 t o t a x i t e x i e y

2 여우 f a x t e x o f o x i s

3 섞다 m a x m i x n i x m e x

A. 우리말에 알맞은 알파벳을 연결하고, 두 번씩 쓰세요.

1 여우

f o k

t a x

2 황소

u x

o s

3 섞다

m e x

n i c

B. 그림에 알맞은 단어의 알파벳을 순서대로 쓰고, 완성된 단어를 다시 쓰세요.

1

s

o

2

3

i

Yy 와이

발음 듣기

공부한 날
월 일

알파벳 이 알파벳 이름은 '와이'예요.

● '와이'를 큰 소리로 말하며, 쓰는 순서에 따라 다섯 번씩 쓰세요.

Y
대문자(큰 글자)

y
소문자(작은 글자)

소리 이 알파벳은 단어 안에서 /여/ 소리가 나요. 입을 모아 짧게 '여'라고 발음해 요.

● 단어의 발음을 잘 듣고, 큰 소리로 두 번씩 따라 말하세요. ◀))

yes
예(대답)

you
너, 당신

yell
소리치다

young
젊은

yellow
노란

yogurt
요거트

알파벳과 소릿값 익히기

 단어를 잘 듣고, /여/ 소리가 나는 알파벳에 동그라미 하세요. 🔊

1.  you

2.  young

3.  yogurt

4.  yes

5. yellow

6.  yell

 단어의 첫소리를 잘 듣고, 알파벳을 따라 쓰세요. 🔊

1. yellow

2.  yell

3.  young

4. you

5.  yogurt

6.  yes

그림에 알맞은 단어를 연결하고, 큰 소리로 두 번씩 읽으세요.

1  ·

· yes

2  ·

· you

3  ·

· young

B 우리말에 알맞은 단어에 동그라미 하고, 큰 소리로 두 번씩 읽으세요.

1  소리치다 yallyirlyelle

2  노란 yalowyellowu

3  요거트 yuyogurtyogut

A. 우리말에 알맞은 알파벳을 연결하고, 두 번씩 쓰세요.

1 예(대답) y a s
         w e z

_____   _____

2 젊은 w o e n g
      y a u m k

_____   _____

3 소리치다 u a l l
         y e i r

_____   _____

B. 사다리를 타고, 그림에 알맞은 단어를 두 번씩 쓰세요.

1   2   3

_____   _____   _____

_____   _____   _____

Zz 지

발음 듣기

공부한 날
월 일

이 알파벳 이름은 '지'예요.

● '지'를 큰 소리로 말하며, 쓰는 순서에 따라 다섯 번씩 쓰세요.

Z

대문자 (큰 글자)

z

소문자 (작은 글자)

이 알파벳은 단어 안에서 /ㅈ/ 소리가 나요. 윗니와 아랫니를 최대한 가까이 한 상태에서 진동이 느껴지게 '즈'라고 발음해요.

● 단어의 발음을 잘 듣고, 큰 소리로 두 번씩 따라 말하세요. 🔊

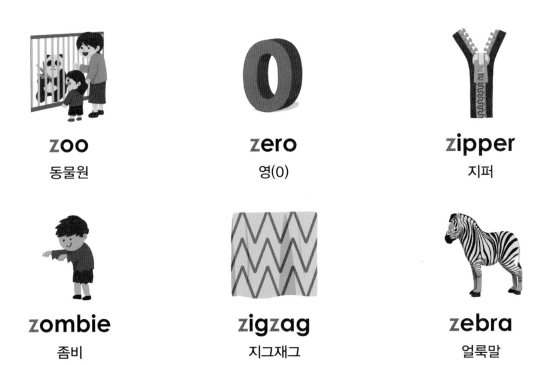

zoo
동물원

zero
영(0)

zipper
지퍼

zombie
좀비

zigzag
지그재그

zebra
얼룩말

단어를 잘 듣고, /ㅈ/ 소리가 나는 알파벳에 동그라미 하세요. ◀))

1  zigzag

2 zebra

3 zombie

4 zero

5  zipper

6  zoo

B 단어의 첫소리를 잘 듣고, 알파벳을 따라 쓰세요. ◀))

1 zero

2  zipper

3 zebra

4  zigzag

5  zoo

6 zombie

그림에 알맞은 단어를 연결하고, 큰 소리로 두 번씩 읽으세요.

1  ·   · zipper

2  ·   · zombie

3  ·   · zigzag

 우리말에 알맞은 단어에 동그라미 하고, 큰 소리로 두 번씩 읽으세요.

1 동물원

2 영(0)

3 얼룩말

Writing 단어 쓰기 연습

 우리말에 알맞은 알파벳을 연결하고, 두 번씩 쓰세요.

1 지퍼

s e f p e l

z i p b i r

_____ _____

2 영(숫자)

z i r o

s e l a

_____ _____

3 동물원

s a o

z o u

_____ _____

 그림에 알맞은 단어를 구름에서 찾아 쓰세요.

1 _____

zigzag   zambee

zombie

2
 _____

zibre   zagzig

zebra

3
 _____

ziczac   zonvie

A 단어를 잘 듣고, 첫소리를 내는 알파벳을 고르세요.

1 ① x   ② y

2 ① w   ② z

3 ① v   ② w

4 ① w   ② y

5 ① x   ② y

6 ① v   ② w

B 단어를 잘 듣고, 첫소리가 같은 단어를 연결하세요.

1 ·   · zero

2 ·   · vest

3 ·   · yell

4 ·   · walk

그림과 단어가 바르게 짝지어진 것을 고르세요.

① yogurt

② van

③ wall

④ zebra

 〈보기〉의 우리말에 알맞은 단어를 찾아 칸을 색칠하세요.

보기

> 젊은   좀비   섞다   택시   영(0)
> 지퍼   창문   노란   마을

zipper	zoo	box	yes	village
ox	window	violin	taxi	zebra
you	fox	young	win	vest
zigzag	mix	volcano	zombie	yell
yellow	six	yogurt	walk	zero

● 칸을 색칠하면 어떤 알파벳이 보이나요? _____

여러분의 파닉스 실력을 확인해보는 Part 2. 파이널 테스트 '학교 수행/진단평가' 대비는 다음과 같이 차근차근 준비하세요!

1. 학교 시험을 준비할 때에는 우선 알파벳의 이름을 알고 있어야 해요. Aa(에이), Bb(비), Cc(씨)... 이렇게 모두 말할 수 있어야 해요.

2. 알파벳의 대문자와 소문자를 구별하고 쓸 수 있어야 해요.

3. 단어의 첫소리를 나타내는 알파벳을 쓸 수 있어야 해요. 예를 들어, box(상자)라는 단어를 듣고, 첫소리가 b(비)라는 것을 알 수 있어야 해요.

4. 자음과 모음이 다양하게 만나서 만들어지는 단어를 보고 읽고 쓸 수 있어야 해요.

사실, 이 책의 Part 1을 열심히 공부했다면 위의 내용을 모두 알고 있을 거예요. 아래 표를 통해 스스로 본인의 실력을 체크해보세요.

	Part 1에서 공부한 내용	자신 있어요!	조금 어려워요!	아직 모르겠어요!
1	알파벳의 이름을 모두 알고 있어요.			
2	알파벳의 대문자와 소문자를 구별하고 쓸 수 있어요.			
3	단어를 듣고, 첫소리를 나타내는 알파벳을 쓸 수 있어요.			
4	단어를 보고 읽고 쓸 수 있어요.			

· '자신 있어요!'에 체크했다면 Part 2의 Final Test 문제를 바로 풀어봐도 돼요!

· '조금 어려워요!', '아직 모르겠어요!'에 체크했다면 Part 1을 차근차근 다시 한 번 복습하고, Part 2의 Final Test 문제를 풀어보도록 해요!

Part 2
파이널 테스트
'학교 수행/진단평가' 대비

 알파벳의 대문자와 소문자가 바르게 짝지어진 것을 고르세요.

① E - i   ② J - j   ③ B - d   ④ K - c

B 단어를 잘 듣고, 첫소리가 <u>다른</u> 그림을 고르세요. ◀))

1 ①   ②   ③

2 ①   ②   ③

3 ①   ②   ③

C 단어를 잘 듣고, 알맞은 것을 고르세요. ◀))

1 ① enter   ② album   ③ iguana

2 ① fix   ② mix   ③ box

3 ① van   ② name   ③ hand

D. 단어를 잘 듣고, 첫소리에 알맞은 알파벳을 쓰세요. 🔊

1 　　ook

2 　　og

3 　　ing

4 　　lbow

5 　　un

6 　　iet

E. 우리말에 알맞은 단어를 〈보기〉에서 골라 쓰세요.

보기

zipper　kid　heart　leaf　angry　uncle

1 나뭇잎　＿＿＿＿＿＿

2 심장, 마음　＿＿＿＿＿＿

3 화난　＿＿＿＿＿＿

4 삼촌　＿＿＿＿＿＿

5 지퍼　＿＿＿＿＿＿

6 아이　＿＿＿＿＿＿

 A. 알파벳의 대문자와 소문자가 바르게 짝지어진 것을 고르세요.

① Y - u   ② A - e   ③ R - l   ④ F - f

B. 단어를 잘 듣고, 첫소리가 <u>다른</u> 그림을 고르세요.

1 ①   ②   ③

2 ①   ②   ③

3 ①   ②   ③

C. 단어를 잘 듣고, 알맞은 것을 고르세요.

1 ① upset   ② office   ③ yell

2 ① water   ② under   ③ ink

3 ① desk   ② bed   ③ pen

D. 단어를 잘 듣고, 첫소리에 알맞은 알파벳을 쓰세요.

1   ood

2 onkey

3 ungle

4 iger

5 gloo

6 old

E. 우리말에 알맞은 단어를 〈보기〉에서 골라 쓰세요.

보기

kite   up   mix   zigzag   young   win

1 지그재그

2 섞다

3 위로

4 젊은

5 이기다

6 연

A 알파벳의 대문자와 소문자가 바르게 짝지어진 것을 고르세요.

① D - t   ② Z - s   ③ P - p   ④ N - m

B 단어를 잘 듣고, 첫소리가 <u>다른</u> 그림을 고르세요.

1   ①   ②   ③

2   ①   ②   ③

3   ①   ②   ③

C 단어를 잘 듣고, 알맞은 것을 고르세요.

1   ① bus   ② fat   ③ pants

2   ① zero   ② sit   ③ fix

3   ① ten   ② box   ③ duck

D 단어를 잘 듣고, 첫소리에 알맞은 알파벳을 쓰세요. 🔊

1   ____een

2   ____oala

3   ____ad

4   ____indow

5   ____ow

6   ____lf

E 우리말에 알맞은 단어를 〈보기〉에서 골라 쓰세요.

보기

> question   long   insect   zoo   octopus   horse

1 말

2 동물원

3 문어

4 (길이가) 긴

5 곤충

6 질문

공부하느라 힘드시죠?

으라차차^^ 소리 한번 지르세요.

언제나 여러분의 성공을 기원할게요. *^^*

− 공부책 잘 만드는 쏠티북스가 −

www.saltybooks.com

Never give up!

No pain, no gain!

현직 초등교사
영쌤과 함께 집에서
쉽게 재미있게 공부하자!

영쌤의
초등
파닉스

저자 무료강의
You Tube
초등영쌤

1권 알파벳과 소릿값

정답 및 알파벳 카드

쏠티북스

정답
알파벳 카드

Day 01 **Aa** 12쪽

Day 01 **Aa** 13쪽

Day 01 **Aa** 14쪽

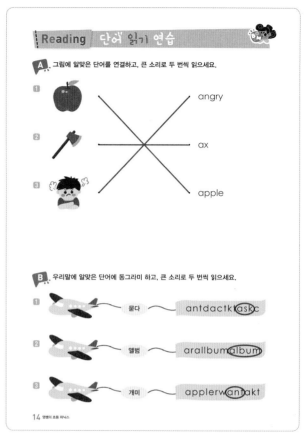

Day 01 **Aa** 15쪽

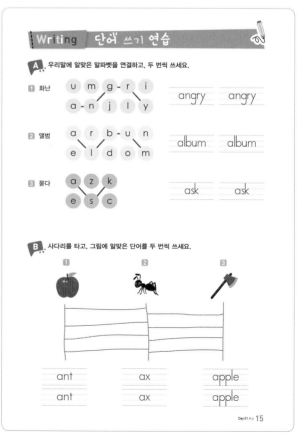

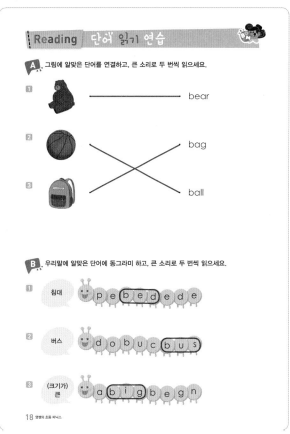

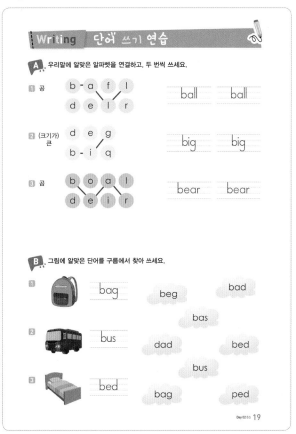

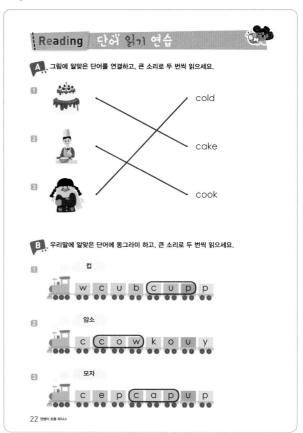

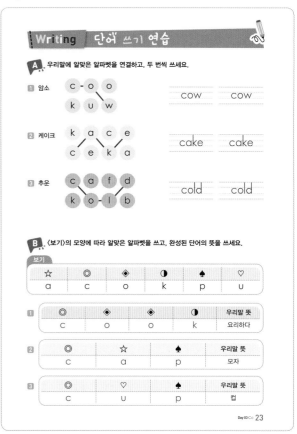

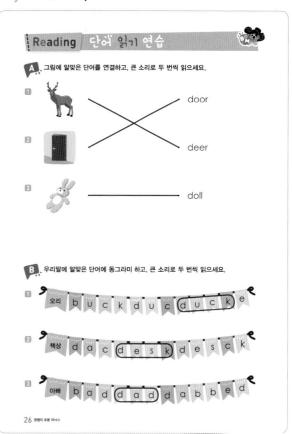

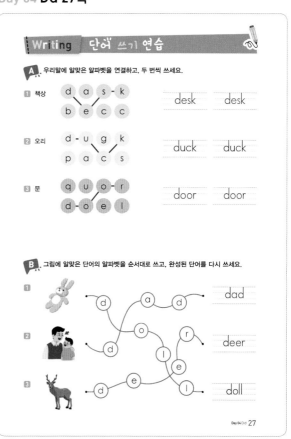

Review Test (1) 28쪽

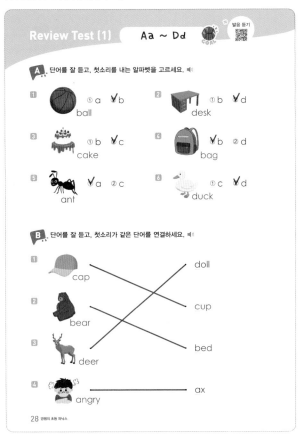

Review Test (1) 29쪽

Day 05 Ee 30쪽

Day 05 Ee 31쪽

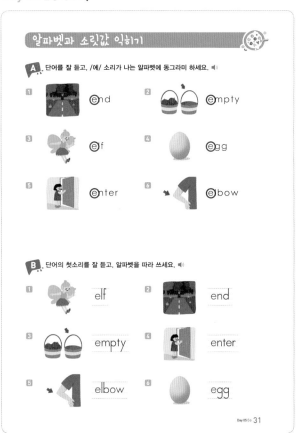

Day 05 **Ee 32쪽**

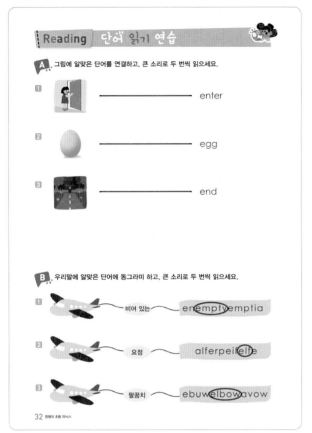

Day 05 **Ee 33쪽**

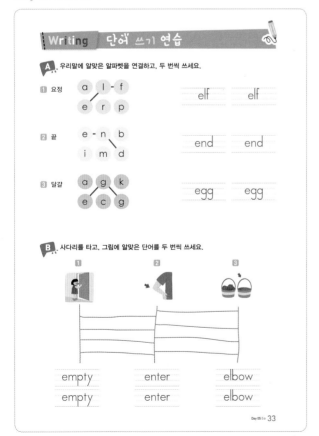

Day 06 **Ff 34쪽**

Day 06 **Ff 35쪽**

Day 06 **Ff 36쪽**

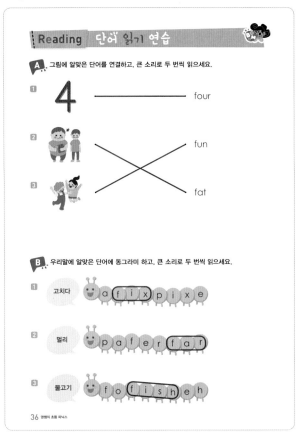

Day 06 **Ff 37쪽**

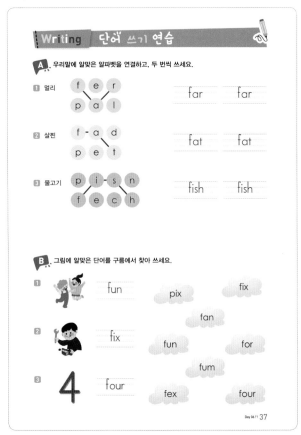

Day 07 **Gg 38쪽**

Day 07 **Gg 39쪽**

Day 07 **Gg 40쪽**

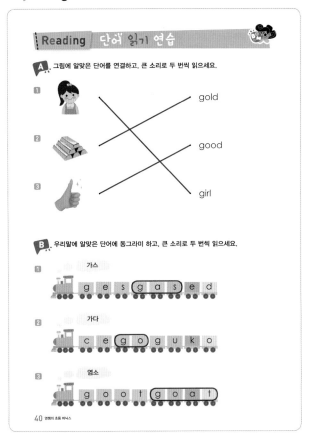

Day 07 **Gg 41쪽**

Day 08 **Hh 42쪽**

Day 08 **Hh 43쪽**

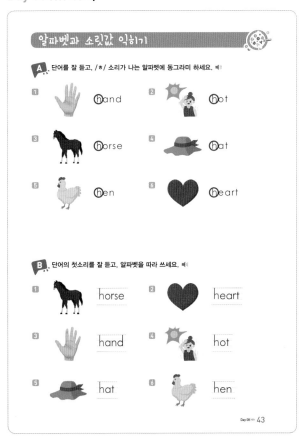

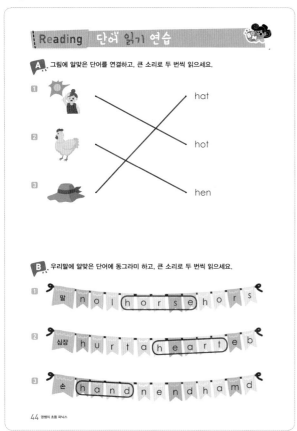

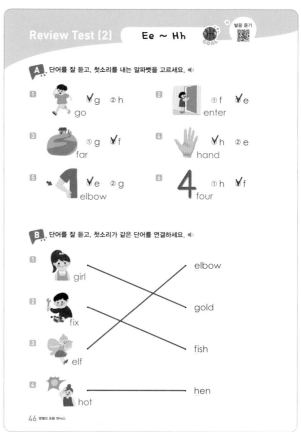

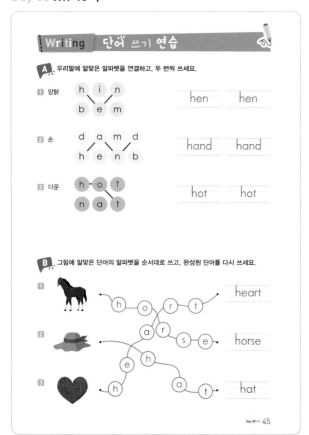

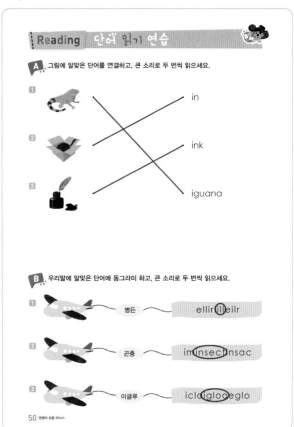

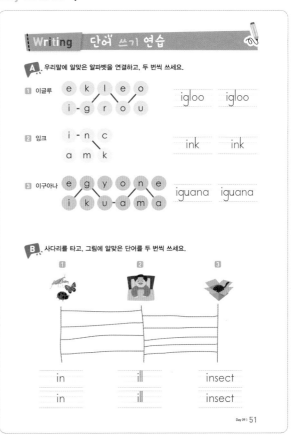

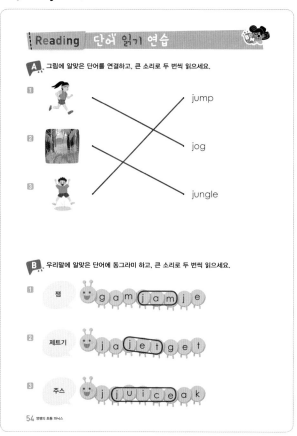

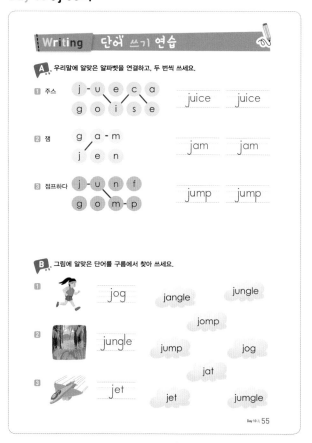

Day 11 **Kk 56쪽**

Day 11 **Kk 57쪽**

Day 11 **Kk 58쪽**

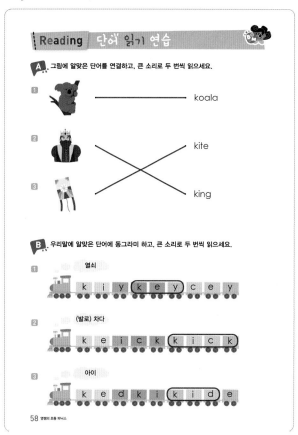

Day 11 **Kk 59쪽**

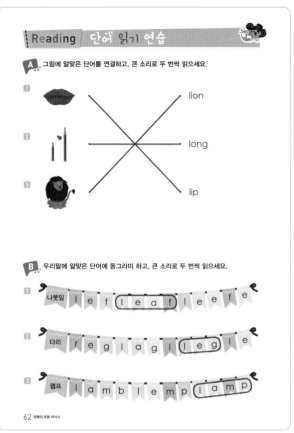

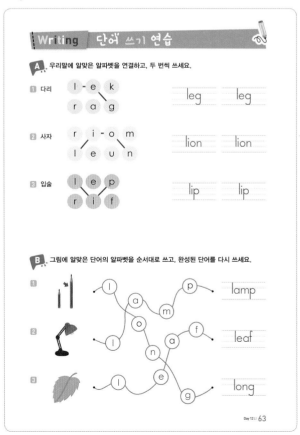

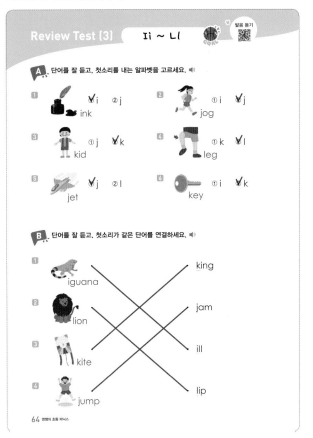

정답 15

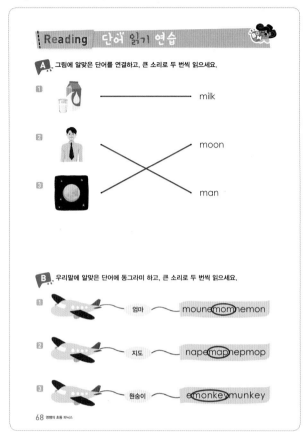

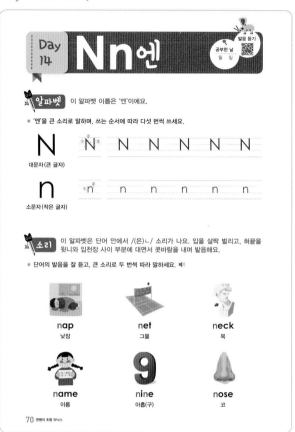

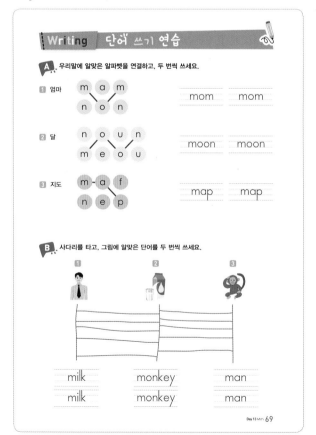

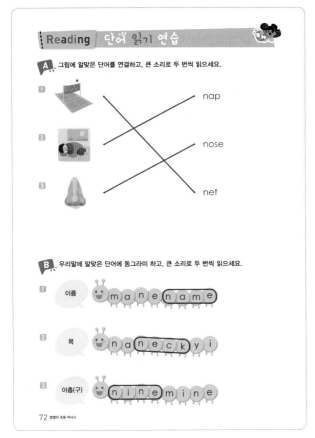

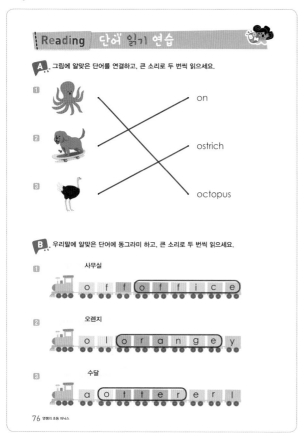

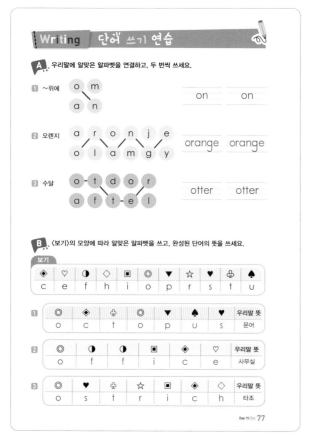

Day 16 **Pp 80쪽**

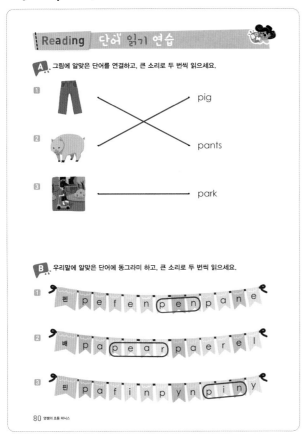

Reading 단어 읽기 연습

A 그림에 알맞은 단어를 연결하고, 큰 소리로 두 번씩 읽으세요.

1. (바지) — pig
2. (돼지) — pants
3. (공원) — park

교차 연결: 1→pants, 2→pig, 3→park

B 우리말에 알맞은 단어에 동그라미 하고, 큰 소리로 두 번씩 읽으세요.

1. 펜 p e f e n (p e n) p a n e
2. 배 p a (p e a r) p a e r e l
3. 핀 p a f i n p y n (p i n) y

80 엄벙의 초등 파닉스

Day 16 **Pp 81쪽**

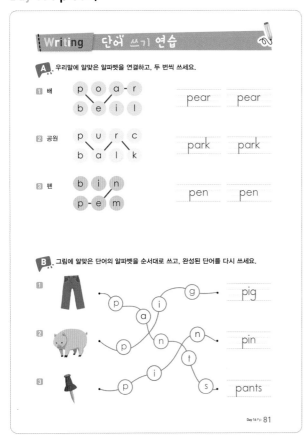

Writing 단어 쓰기 연습

A 우리말에 알맞은 알파벳을 연결하고, 두 번씩 쓰세요.

1. 배 p o a - r / b e i l → pear pear
2. 공원 p u r c / b a l k → park park
3. 펜 b i n / p - e m → pen pen

B 그림에 알맞은 단어의 알파벳을 순서대로 쓰고, 완성된 단어를 다시 쓰세요.

1. (바지) → pig
2. (돼지) → pin
3. (핀) → pants

Day 16 Pp 81

Review Test (4) **82쪽**

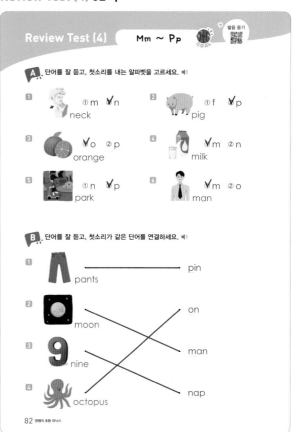

Review Test (4) Mm ~ Pp 발음 듣기

A 단어를 잘 듣고, 첫소리를 내는 알파벳을 고르세요.

1. neck ① m ✓ n
2. pig ① f ✓ p
3. orange ✓ o ② p
4. milk ✓ m ② n
5. park ① n ✓ p
6. man ✓ m ② o

B 단어를 잘 듣고, 첫소리가 같은 단어를 연결하세요.

1. pants — pin
2. moon — on
3. nine — man
4. octopus — nap

교차 연결: pants→pin, moon→man, nine→nap, octopus→on

82 엄벙의 초등 파닉스

Review Test (4) **83쪽**

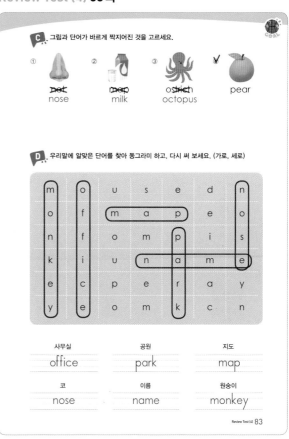

C 그림과 단어가 바르게 짝지어진 것을 고르세요.

① nose (~~net~~) ② milk (~~map~~) ③ octopus (~~ostrich~~) ✓ pear

D 우리말에 알맞은 단어를 찾아 동그라미 하고, 다시 써 보세요. (가로, 세로)

m	o	u	s	e	d	n
o	f	m	a	p	e	o
n	f	o	m	p	i	s
k	i	u	n	a	m	e
e	c	p	e	r	a	y
y	e	o	m	k	c	n

| 사무실 | 공원 | 지도 |
| office | park | map |

| 코 | 이름 | 원숭이 |
| nose | name | monkey |

Review Test (4) 83

정답 **19**

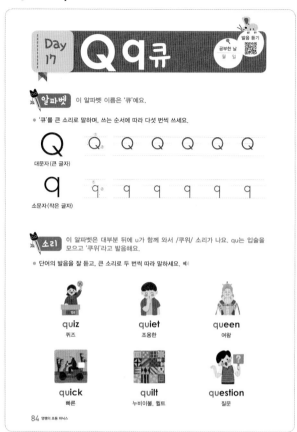

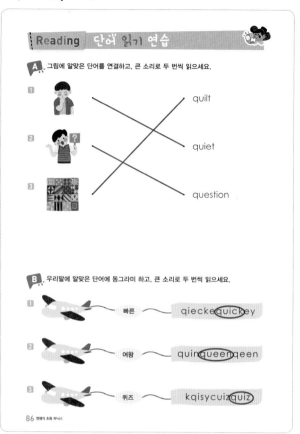

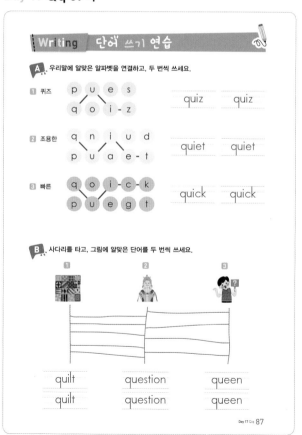

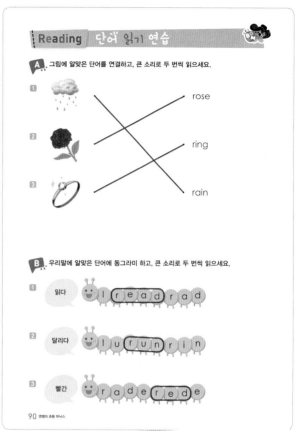

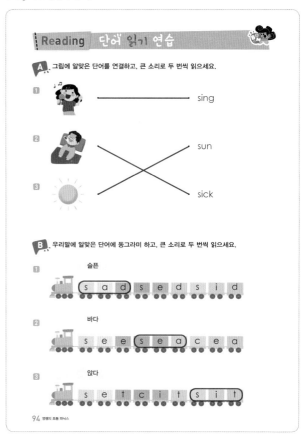

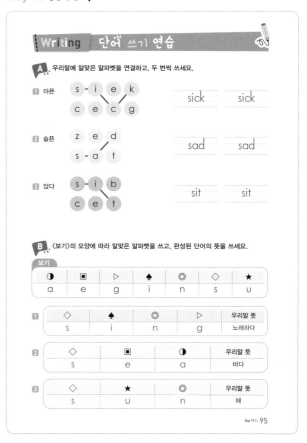

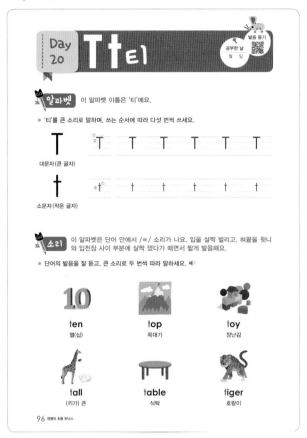

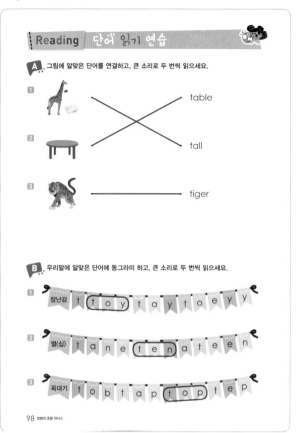

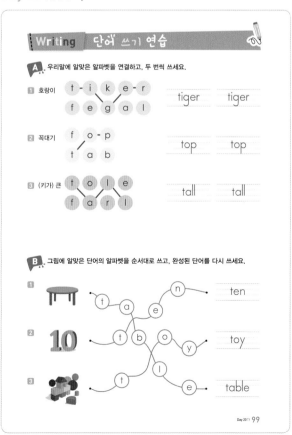

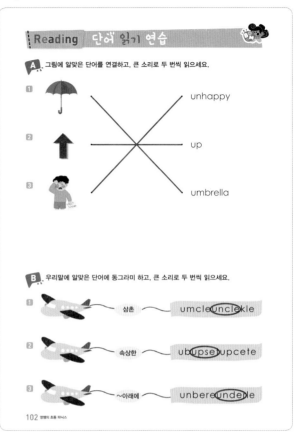

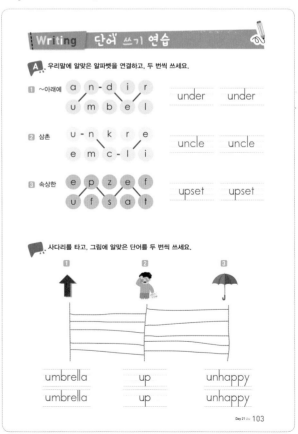

Review Test (5) 104쪽

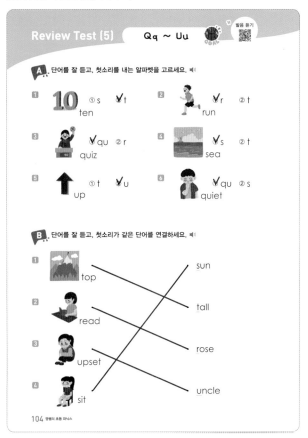

Review Test (5) 105쪽

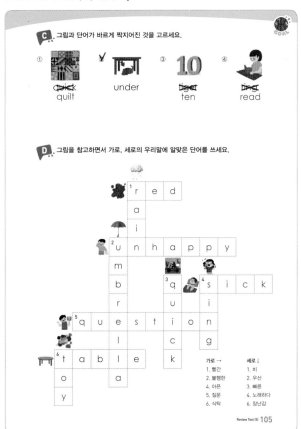

Day 22 Vv 106쪽

Day 22 Vv 107쪽

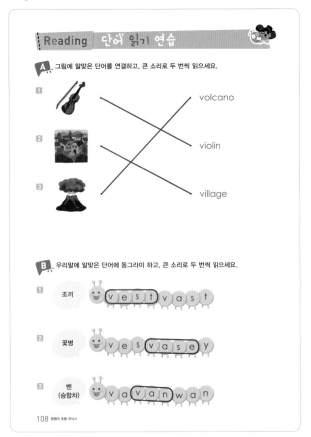

Day 23 Ww 112쪽

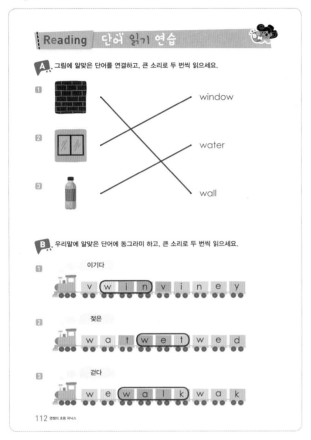

Day 23 Ww 113쪽

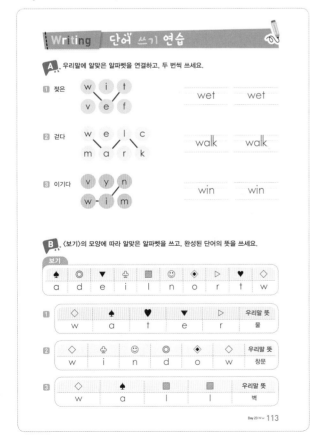

Day 24 Xx 114쪽

Day 24 Xx 115쪽

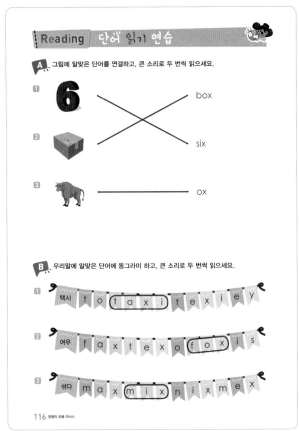

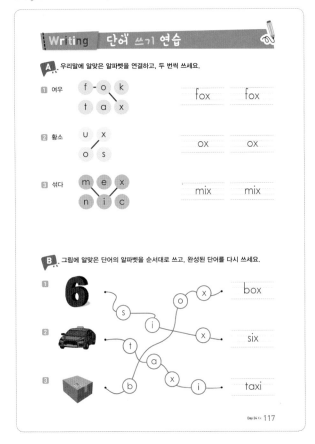

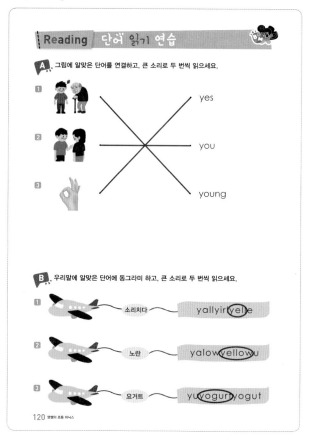

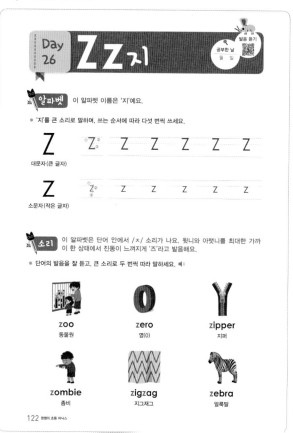

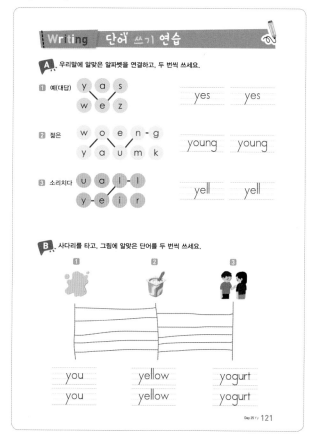

Day 26 Zz 124쪽

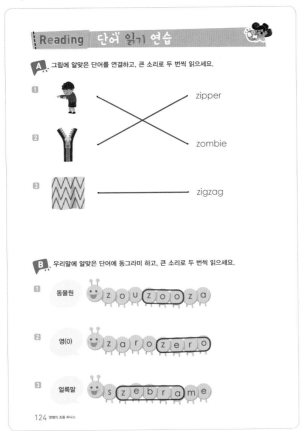

Day 26 Zz 125쪽

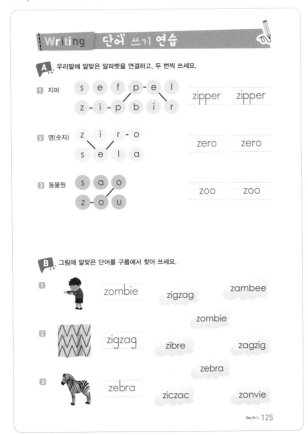

Review Test (6) 126쪽

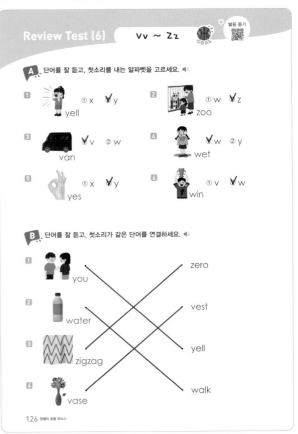

Review Test (6) 127쪽

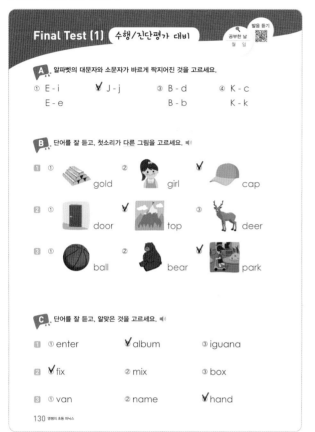

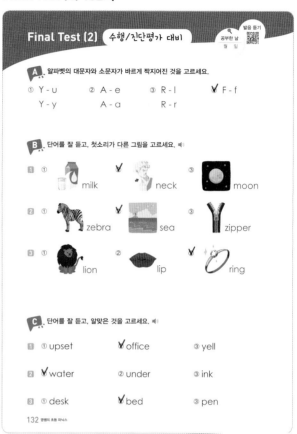

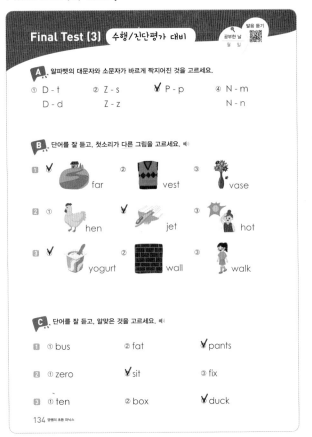

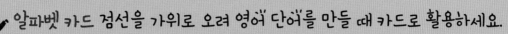

알파벳 카드 검선을 가위로 오려 영어 단어를 만들 때 카드로 활용하세요.

A	A	A
B	B	B
C	C	C
D	D	D
E	E	E
F	F	F
G	G	G

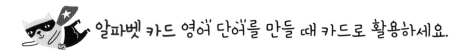
알파벳 카드 영어 단어를 만들 때 카드로 활용하세요.

a	a	a
b	b	b
c	c	c
d	d	d
e	e	e
f	f	f
g	g	g

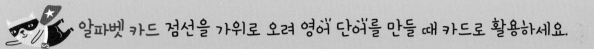
H	H	H
I	I	I
J	J	J
K	K	K
L	L	L
M	M	M
N	N	N

알파벳 카드 점선을 가위로 오려 영어 단어를 만들 때 카드로 활용하세요.

h   h   h

i   i   i

j   j   j

k   k   k

l   l   l

m   m   m

n   n   n

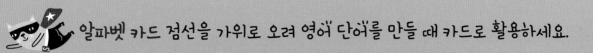

O O O

P P P

Q Q Q

R R R

S S S

T T T

U U U

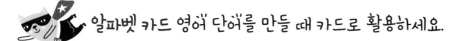

알파벳 카드 점선을 가위로 오려 영어 단어를 만들 때 카드로 활용하세요.

V	V	V
W	W	W
X	X	X
Y	Y	Y
Z	Z	Z

알파벳 카드 점선을 가위로 오려 영어 단어를 만들 때 카드로 활용하세요.

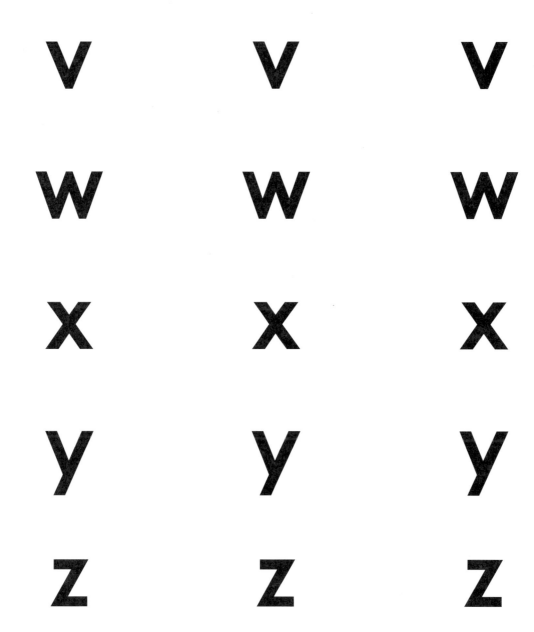

www.saltybooks.com

Practice makes perfect!

Better late than never!